당신이 꼭 좋은 사람이어야 할 필요는 없다

당신이 꼭 좋은 사람이어야 할 필요는 없다

요즘 나를 지치게 하는
사람 고민에서 탈출하는 법

유진명 지음

"나 혼자서는 행복해질 수 없습니다. 원하든 원하지 않든 우린 서로 연결되어 있기
때문입니다. 인간관계에 상처가 많은 사람은 마음의 문을 닫고 혼자서 살아가려고
합니다. 하지만 우리가 원하지 않아도 혼자서는 행복해질 수 없습니다." _ 달라이 라마

레인북

"작은 변화가 일어날 때 진정한 삶을 살게 된다."

어느 날 한 직장동료가 내게 살짝 다가와 귓속말로 이렇게 말했다. "대리님! 사직서 양식 좀 보내주세요!" 갑작스런 동료의 말에 나는 어안이 벙벙해져 "갑자기 왜요?"라고 묻고 싶었다. 하지만 말 못할 개인 사정이 있으리라 생각하며 자세한 내용은 묻지 않고 사직서 양식을 메일로 보내주었다. 사실 나는 그 친구가 회사를 오래 다니지 못할 거라고 어렴풋이 짐작하고 있었다. 웃음과 패기가 넘치던 친구가 시간이 지날수록 표정은 점점 굳어져갔고, 어깨는 축 늘어져 있는 모습이 내 눈에 자주 보였기 때문이다.

이 친구가 퇴사한 이후로도 새로운 동료들이 여러 명 입사했으나 이들 또한 얼마 지나지 않아 퇴사하는 것을 목격해야 했다. 이렇게 줄줄이 퇴사하는 이유가 궁금했던 나는 그들을 관찰하고 면담

했다. 그 결과 그들의 퇴사 이유는 하나같이 직장 상사와 소통이 잘 안 되고 관계가 삐거덕거렸기 때문이었다. 직장인이 퇴사하는 가장 큰 사유가 소통 문제에서 오는 갈등이라는 사실을 다시 깨닫게 해 준 사건이었다. 소통 문제는 비단 직장에만 국한되는 것은 아니다. 부부 사이, 가족 사이, 친구 사이 등 사람들이 맺고 있는 다양한 관계에서도 소통 문제는 언제 폭발해도 전혀 이상하지 않은 화산처럼 잠재되어 있다.

과거에 나는 사람들과 관계를 맺고 소통하기보다 내 일만 열심히 하면 된다는 생각으로 착하고 성실하게 살아왔다. 그 결과 떳떳하고 남부럽지 않게 자립하며 사회생활을 할 수 있었다. 누가 뭐래도 혼자서 악착같이 살면 모든 일이 술술 풀리고 행복하게 살 수 있을 거라 확신했다. 하지만 나는 불행하게도 우리 인생에서 가장 중요하다고 여겨지는 직장과 가정에서 실패를 경험해야 했다. 열심히만 살면 행복할 줄 알았던 나에게 원할하지 못한 소통 때문에 고통과 불행이 찾아올 것이라고 상상조차 하지 못했다. 하늘을 원망하는 날은 늘어만 갔고 나 자신을 받아들이는 것은 생각보다 어려웠다. 이 과정들이 너무나 괴롭고 아팠지만 현실을 극복하고 싶은 의지만큼은 강했다.

나는 지금까지 내가 살아온 가정환경을 이해하고, 내면아이와 서서히 소통하면서 나의 잘못된 소통방식을 깨닫게 됐다. 이후 치열하게 매일 소통 공부를 하면서부터는 내 인생에 많은 변화가 일어났다. 타인의 말과 행동을 편견 없이 받아들이고 이해할 수 있는 넓은 마음이 생겼다. 내 감정과 의견을 솔직하고 명확하게 표현하며 자칫 꼬일 수도 있는 관계도 능숙하게 풀어나갔다. 이제는 처음 만난 사람들에게도 스스럼없이 간단한 안부 인사를 전하며 즐거운 에너지를 서로 교환한다. 사람들과의 관계도 훨씬 편안하고 부드러워졌다. 관계가 좋아지니 삶에 대한 자신감과 자존감이 높아졌다.

얼마 전부터는 내 주변에 정말 좋은 사람들이 많이 모인다. 나에 대한 호감을 진심으로 표현해 주거나 집에서 직접 만든 수제 과자까지 선물해 주는 사람들도 있다. '이렇게 행복해도 되나?'라는 생각이 들 정도로 말이다. 사람들과 소통할 줄 모르고 혼자서만 열심히 살 때는 한 번도 경험하지 못한 진정한 삶의 평화와 행복을 가져다준 소통의 힘을 절실히 느끼는 요즘이다.

우리 주변에서 소통으로 어려움을 겪고 있는 사람들이 의외로 많다. 그들은 상대방과 대화하며 관계를 개선하려는 노력보다 서로 자신이 옳다며 목소리를 높인다. 결국 남는 것은 상처밖에 없는데도 말이다. 이들을 보고 있으면 과거 내 모습이 떠올라 안쓰러운 마음이 든다. 영어, 재테크, 취미에 관한 공부 등은 열심히 찾아 공부하면서도 정작 본인을 괴롭히는 관계에 대한 공부는 왜 하지 않는지 안타까울 뿐이다. 관계가 틀어지면 삶의 중심이 흔들리고 인생의 가장 큰 위기를 맞이할 수 있는데도 말이다. 고장나거나 깨진 물건들은 새로 사면 된다. 하지만 관계 속에서 생기는 갈등과 상처는 물건처럼 쉽게 해결할 수 없다. 이처럼 소통으로 단련되고 맺어진 끈끈한 관계는 그 어떤 것으로도 대체할 수 없다.

요즘 상대방과 잦은 마찰로 사람이 싫어지고 힘들다면, 실타래처럼 엉킨 갈등을 어떻게 풀어나가야 할지 막막하다면, 이 책은 당신을 위한 책일 수도 있다. 나는 관계와 소통 문제로 고통받으며 불행한 삶을 살아가는 사람들이 행복한 인생을 다시 찾을 수 있기를 바라는 마음에서 이 책을 쓰기 시작했다. 내가 겪었던 상처와 그 상처를 극복하기 위해 몇 년간 매일매일 열심히 실천했던 소통 공부법을 이 책에 생생하게 담았다.

요즘 코로나19로 많은 사람들이 지쳐있고 경제적으로 힘들어한다. 이런 시국에 더욱더 우리에게 필요한 것은 소통이 아닌가 싶다. 주변 사람들, 가족들에게 따뜻한 말 한마디, 진심 어린 격려를 해보는 건 어떨까. 진심이 통하는 소통은 서로에게 희망과 용기를 주는 엄청난 힘이 있다. 이 책이 소통의 물꼬를 터주고 모두가 힘든 이 시기를 잘 극복하는 데 도움이 되기를 간절히 기원해 본다.

유진명

| 차례 |

1장

행복의 90%는 인간관계에 달려있다

"나 혼자서는 행복해질 수 없습니다. 원하든 원하지 않든 우린 서로 연결되어 있기 때문입니다. 인간관계에 상처가 많은 사람은 마음의 문을 닫고 혼자서 살아가려고 합니다. 하지만 우리가 원하지 않아도 혼자서는 행복해질 수 없습니다."

_달라이 라마

왜 사람들은 내 마음을 몰라줄까?

인간관계는 1+1=2처럼 명확하게 떨어지는 수학 문제가 아니다.

"진명씨~ 본사하고 화상회의 하려고 하는데 화상회의 장비가
연결이 잘 안 돼요~"

"유대리~ 복사기 복사가 왜 안 되지?"

하루에도 수십 번 내 이름이 불린다. 이 목소리의 주인공은 바로
우리 회사 직원들이다. 그들은 조금이라도 불편한 상황이 생기면
회사 매뉴얼을 따르듯 나를 찾는다. 마치 맡겨놓은 짐 꾸러미를 찾
듯 당연하게 말이다. 나는 친절한 미소와 환한 웃음을 지으며 달려
간다. 마치 흑기사라도 되는 양 직원들이 가진 불편함을 즉시 해결
해 준다.

나는 회사에서 '가장 친절하고 잘 웃는 직원'으로 정평이 나 있다.
그러다 보니 어느새 조금만 신경 쓰면 해결할 수 있는 사소한 문제

부터 담당 직원이 해결해야 하는 일까지 내 몫이 되어 버렸다. 내 일도 바쁜데 만능 해결사처럼 동분서주하며 남들보다 두 세배로 바쁘게 뛰어다녔다.

이렇게 '예스맨'이자 '회사의 히어로'가 된 나는 무려 몇 년을 고군분투했다. 어느 날, 평소처럼 요청받은 문제를 해결해주고 있는데, 갑자기 머리를 한 대 맞은 것처럼 멍했다. 뒷목이 뻐근하고 가슴이 살짝 답답한 것 같기도 했다.

'어제 잠을 잘 못자서 그런가, 아니면 괜한 기분 탓인가?'

어느 순간, 동료의 말이 잘 들리지 않았다. 나는 그대로 망부석처럼 굳어버렸다. 어디서부터 시작됐고, 무엇이 잘못된 것일까? 문득 초라함과 배신감을 느꼈던 것 같다. 이유를 알 수 없는 허탈함마저 들었다. 나도 모르는 사이에 나는 회사의 민원해결 담당자가 되어 있었다. 내 업무만으로도 벅찬데, 이리저리 거듭되는 요청과 잦은 부탁에 대책 없이 끌려다니고 있었다. 무려 몇 년이 지나서야 나의 상황을 인식했으니 이 얼마나 바보 같은 일인가. 만인의 해결사라는 눈에 보이지 않는 감투를 왜 쓰고 있는 것인지 허탈했다. 월급을 더 받는 것도 아니고, 내 일이나 회사생활이 더 수월해지는 것도 아니었다. 빛 좋은 개살구라는 말이 딱 이럴 때 쓰는 게 아닐까 싶다.

나는 지금까지 동료 직원들의 온갖 사소한 요청과 부탁을 거절하지 못하고 다 들어주었다. 얼마나 답답하고 급했으면 나에게 요청했을까 하는 마음에서였다. 하지만 시간이 지날수록 내게 돌아오는 건 더 많은 요청과 부탁이었다. 몇 줄도 안 되는 설명서가 옆에 버젓이 있는 데도 내 이름이 불리기 일쑤였다. 심지어 여러 번 알려주

없는데도 요청이 반복되면 또 설명하기가 번거로워 미리 해결해놓기도 했다. 호의가 계속되면 권리가 된다고 했다. 사람들은 습관처럼 내 이름을 불렀고, 고마운 마음을 표현하는 언어의 온도도 서서히 미지근해지는 듯했다. 심지어 어떤 사람은 나의 도움을 내가 응당 챙겨야 하는 일처럼 여기기도 했다.

하지만 나는 남의 일이라고 외면하지 않았고, 상대의 입장을 헤아리며 애정과 관심을 쏟았다. 하지만 이런 노력에도 불구하고 직원들의 상황 대처능력은 늘지 않았다. 매번 똑같은 상황이 반복되었다. 어떤 사람은 나를 만만하게 보고 함부로 대하는 상황까지 생겼다. 내가 친절하게 행동했기에 상대방도 내게 친절하게 대할 것이라고 믿었다. 하지만 내게 도움을 요청한 상대가 가끔 안하무인 격으로 말하고 행동하는 모습을 도저히 이해할 수 없었다. 그렇다고 면전에서 스스로 해결하라거나 그만큼 이야기해주었으면 이제 알 때도 되지 않았냐는 말을 차마 꺼낼 수 없었다. 어찌할 바를 몰랐던 나는 서서히 지쳐 갔고, 동료들을 원망하는 마음이 조금씩 쌓여갔다. 나를 호구로 본다는 생각에 갑자기 울컥하고 화가 나기도 했다. 누구보다 친절하게 다른 사람을 위했던 '좋은 사람'은 언제 터져도 이상하지 않을 무시무시한 '시한폭탄'이 되어버렸다.

우리는 상대가 나의 마음을 말하지 않아도 알아주기를 바란다. 나 역시 언젠가는 사람들이 내 마음을 헤아려 줄 것이라 믿으며 묵묵히 참아왔다. 직장 동료뿐만 아니라 가족, 부부, 오랜 시간을 함께한 친구나 지인 등 가까운 사이일수록 상대방이 내 마음을 알아주고 이해해줄 것이라는 기대감이 크다. '내가 사랑하는 사람이니까', '나를 잘 아는 사람이니까', '함께한 세월이 얼만데, 내가 말하지 않아도 다 알겠지' 하는 생각과 믿음을 가지고 있기 때문이다.

곰곰이 생각해보면 상대방이 나의 마음을 몰라주는 것은 당연하다. 상대와 나는 자라온 환경, 기질, 성향, 생각, 현재 상황 등이 완전히 다르다. 피를 나눈 가족도 내 마음을 모르는데, 생판 처음 본 남은 오죽할까. 상대의 마음이 내 마음과 통하려면 무수한 시행착오를 거쳐야 한다. 많은 시간과 에너지가 필요하다. 상대가 나의 마음을 온전히 알아준다는 것은 아예 불가능한 일인지도 모른다. 안타깝게도 나를 A-Z까지 알아줄 사람은 이 세상에 존재하지 않는다. 마음을 꿰뚫어 볼 수 있는 초능력이 생긴다면 가능할지 모르겠지만, 낳아주신 어머니도 함께 부양해주신 아버지도 나를 다 알 수 없다.

이렇게 이성적으로는 잘 알면서도 사람은 감정에 지배당하는 동물이기 때문에 가끔은 아무런 조건 없이 상대가 나를 무조건 알아주고 이해해 주길 바라는 마음이 들 때가 있다. 내가 상대에게 조건 없는 친절을 베풀었던 것처럼 상대도 그에 맞는 반응을 해주길 기대했던 것처럼 말이다. 하지만 인간관계는 1+1=2처럼 명확하게 떨어지는 수학 문제가 아니다. 입금된 금액과 이자를 덤으로 출금할 수 있는 적금통장도 아니다. 내가 상대의 부탁에 응하고 도움을 주었다고 해서 반드시 내게 마땅한 대가나 보상이 돌아오지 않는다. 마치 친절했던 내가 거듭될수록 호의가 당연한 권리가 되었던 것처럼 말이다.

그렇다면 상대가 내 마음을 알아주고 내가 원하는 반응을 얻는 건 아예 불가능할까? 아니다. 완벽할 수는 없지만 나아질 방법은 있다. 바로 일상생활 속에서 소통하는 연습을 틈틈이 해나가는 것이다. 우리는 상대가 내 마음을 알아주길 바라며 참고 기다리는 것보다 다양한 선택지를 가질 수 있다. 또한 조금 더 나에게 유리한 긍정적인 결말에 가까워질 수 있다.

때로는 적극적으로 상대에게 솔직한 진심을 전할 때 의외로 상황은 빠르게 해결되기도 한다. 예컨대, 나는 이제 여러 번 반복된 요청이나 개선될 여지가 없는 부탁에는 단호하고 명확하게 내 생각과 감정을 전달한다.

"K님, 예전에도 여러 번 말씀드린 것 같은데, 이번엔 제대로 인지해주세요, 지금 업무가 바쁜 시기라 또 물어보실 때는 제가 도움 드리기 힘들 수도 있습니다."

"상황이 급한 건 이해합니다만 지금 최선을 다해서 도움을 드리고 있습니다. 갑자기 화를 내시니 제 입장에서는 좀 당황스럽네요."

때때로 피치 못할 경우에는 상대에게 내 감정을 솔직하고 명확하게 전달할 수 있어야 한다. 물론 처음부터 이렇게 의사표현을 잘할 순 없다. 나도 여러 번 연습한 대로 시도했지만 쉽사리 말이 떨어지지 않아 꿀 먹은 벙어리처럼 서 있거나 횡설수설하기도 했다. 조금씩 표현하는 연습을 했다. 속으로 전전긍긍하다가 감정이 쌓여 갑자기 폭발하거나, 계속 응어리진 감정을 묵혀두며 상대를 원망하며 살 수는 없는 노릇이다. 이렇게 상대의 행동에 나를 맞추기만 하는 것이 아니라 내 생각과 감정을 솔직하게 전달하고, 현재 상황이나 입장을 충분히 알리는 것은 중요하다. 바람이나 진심을 전달하며 내가 원하는 상황이나 행동을 재요청하는 것도 필요하다.

피하거나 돌려 말하지 않고 정공법을 택할 때 상대는 몰랐다며 미안해하기도 하고, 자신의 잘못된 행동이나 태도를 바꾸기도 한다. 이처럼 갈등 상황이 계기가 되어 관계가 더 나은 방향으로 재정립될 수도 있다. 이는 겉으로는 괜찮아 보이지만, 언제 마찰이 일어날지 모르는 아슬아슬한 관계보다 훨씬 생산적이고 건강한 소통 방향이다.

나를 잃지 않으면서 타인과 더불어 살아갈 수 있는 소통은 여러모로 중요하다. 나의 마음을 몰라준다며 상대를 탓하느라 낭비했던 에너지와 시간을 줄일 수 있고, 인간관계를 좀 더 유연하고 건강하게 유지할 수 있기 때문이다. 돌이켜보면 나 역시 내 방식대로의 무조건적인 친절을 베풀며 '좋은 사람'이라는 가면을 스스로 씌운 격이었다. 혼자 잘해주고 상처받으며 그 상처가 곪아가는지도 모른 채 나를 방치했다. 그 결과 상대는 의도치 않게 자신만 생각하는 이기적인 사람이 되어버렸고, 도움 없이 스스로 할 수 있는 기회를 상실했다. 사실 도움을 주느냐 마느냐는 그 누구도 아닌 나의 선택이었고, 상대에게 조금 더 적극적으로 의사표현을 했다면 상황은 충분히 달라졌을 것이다.

소통은 일방통행이 아니다. 상대와 내가 적절하게 주고받는 쌍방통행이다. 우리는 상대가 내 마음을 몰라준다고 탓하고, 인간관계가 힘들다고 호소하기 전에 우리가 상대와 소통을 얼마나 제대로 하고 있는지부터 살펴봐야 한다. 그렇다면 어떤 노력을 해야 할까? 매일 작은 것부터 시도하고 변화하는 소통 공부를 해야 한다. 나를 알아가는 공부, 상대를 알아가는 공부, 나를 잃지 않으면서도 생산적이고 효율적인 성과를 끌어내는 대화법 등 소통을 알아가는 공부가 필요하다.

인생의 모든 문제는 사람으로 시작해서 사람으로 끝난다. 매일 소통 공부를 한 이후로는 왜 사람들이 내 마음을 알아주지 않는지, 왜 이렇게 인간관계가 힘든지에 대해 하소연하거나 한탄하지 않는다. 그저 내 마음 같지 않은 게 사람과 사람의 관계이고 인생이라는 것을 인정하며 조금은 여유 있는 마음을 가지려고 한다. 또한 관계에서 오는 마찰이나 갈등을 회피하지 않고 작은 깨달음이라도 얻고, 폭넓게 두루 살피는 관계의 통찰력을 얻고자 노력한다.

나는 '착하고 좋은 사람'이기보다는 '소통을 잘해서 관계가 건강한 사람'이 되고 싶다.

10명 중 8명이 행복하지 않은 이유

편을 나누어 서로를 부정하거나 비난하는 행위는 멈추어야 한다.

불통으로 진통을 겪고 있는 대한민국. 우리는 이제 국민과 소통하지 않는 정부가 어떤 사태를 겪게 되는지, 고객과 소통하지 않는 기업이 어떤 대란을 겪게 되는지 잘 안다. 눈부신 경제 성장을 이루며 경제 대국의 대열에 들었지만, 빨리 발전해온 만큼 놓치고 온 것들도 많다.

세대, 지역, 성별 등 다양한 입장에서 서로를 이해하고 공감할 수 있는 시간이 턱없이 부족했다. 빠르게 변화하는 세태와 복잡한 이해관계 속에서 서로 대화가 필요하다는 소통의 절실함을 알리는 목소리 또한 부족했다. 가장 빠른 속도로 달려오는 기적을 이루었기에 가장 소통하는 사회를 지향해야 했던 대한민국은 안타깝게도 많은 부분을 이분법적인 잣대로 나누기에 급급했다. 서로를 불신하고 혐오를 거듭하는 불안하고 아픈 사회가 되었다.

2019년 〈한국보건사회연구원〉이 펴낸 '사회통합 실태 진단 및 대응방안 연구보고서'에 따르면 국민 80%가 사회 갈등이 심각하다고 인식했다. 이는 우리 사회가 소통이 잘 되고 있지 않다는 방증이기도 하다. 대한민국은 2018년 기준 IMF에서 공개한 국가별 GDP 순위로 11위에 빛난다. 방탄소년단(BTS)과 블랙핑크 등의 글로벌한 K-Pop 가수를 배출해내며 전 세계적으로 한류를 주도한 문화강국이다. 또한 대한민국은 코로나19 사태를 겪으며 강력한 위기관리와 빠른 대처로 인해 전 세계적으로 숨은 강국으로 인정받으며 국가적 신뢰감을 높였다. 하지만 대외적으로 두각을 드러내고, 여러 방면에서 인정받는 것과는 다르게 소통의 품격은 이를 따라가지 못하는 듯하다. 세대, 성별, 직업군, 지역 등 다양한 계층에서의 입장 차이가 존재하며 서로를 부정하고 비난하는 모습이 만연하다.

IT 기술의 발달은 불통에 기름을 붓는 격이다. 현재의 IT 기술은 우리의 삶을 과거와는 비교도 할 수 없을 만큼 편리하게 만들었다. 하지만 동전의 양면처럼 발전된 기술로 인한 부작용 역시 만만치 않다. 기술의 발전이 거듭될수록 사람과 사람 간의 관계 맺음과 소통 측면에서도 많은 변화가 생겼다. IT 기술의 큰 획을 그은 스마트폰의 등장으로 많은 것들이 달라졌다. 사람들은 세대를 불문하고 스마트폰 삼매경에 빠져있다. 스마트 폰이 없으면 생활이 되지 않을 정도로 많은 부분 스마트 폰에 의존한다. '포노 사피엔스(스마트 폰 없이 생활하는 것을 힘들어하는 세대)'라는 신조어가 생겨났을 정도이니 말이다.

태어날 때부터 스마트 폰, 아이패드 등 디지털 기기에 자연스럽게 노출되어 디지털 원주민으로 불리는 Z세대. 하지만 이로 인해 소통의 부재가 대표적인 약점이 되어버린 Z세대는 1990년대 중반에서 2000년대 초반에 걸쳐 출생한 젊은 세대이다. 이들이 사회에 본격적으로 진출하고 있는 지금, 우리 사회는 어느 때보다 더 소통하기 힘든 시대를 살아가고 있다.

스마트 폰이 친구가 되어버린 Z세대는 소통 경험이 이전 세대들보다 많지 않다. 그래서 사람들과 마음을 나누고 인간관계를 맺는 데 어려움을 호소한다. 타인의 감정에 공감하고 자신의 진심을 전달하는 것도 익숙하지 않다. 어쩌면 머지않아 Z세대보다 더 뒤에 오는 세대는 자신의 감정을 표현하는 법, 타인과 친밀하게 소통하는 법 등을 국·영·수 과목처럼 열심히 공부해야 할 시대가 올지도 모르겠다.

디지털 기기를 사용하면서 인간관계에 대한 어려움을 호소하는 젊은 세대들만 소통 공부를 해야 하는 것은 아니다. 기성세대들도 소통의 중요성을 인식하고 공부해야 한다. 손뼉도 마주쳐야 소리가 난다는 말이 있듯이 젊은 세대와 기성세대 모두가 서로 소통하려는 의지를 가져야 한다. 현재 젊은 세대와 기성세대들 간의 생각에는 많은 차이가 있다. 회사에서 휴가를 쓰는 경우만 놓고 보아도 세대 간 생각과 입장 차이가 꽤 크다.

나는 매월 하루 이틀 정도는 휴가를 꼭 쓰고 싶어 한다. 휴가는 법적으로도 보장되어 있으니 당당하게 사용할 의무가 있다. 회사 일도 중요하지만 개인적인 삶과 여가도 그만큼 중요하다고 여긴다.

하지만 공장장은 생각이 다르다. 내게 휴가를 너무 자주 쓰는 것이 아니냐며 눈치를 주거나 대놓고 타박하는 경우도 있었다. 공장장이 일했던 시대는 피치 못할 사정이 있지 않은 한 개인의 스케줄이 우선순위가 아니었다. 개인을 위해 휴가나 연차보다 회사의 스케줄과 성과가 더 중요했다. 주말에 출근하는 것은 응당 그래야 하는 일처럼 자연스러운 일이었다. 또한 자유롭게 휴가를 쓴다거나 정시에 퇴근하는 것은 언감생심 꿈도 꾸지 못하는 일이었다.

젊은 세대들은 기성세대들이 개인 사생활의 자유와 권리를 침해한다고 불편해한다. 반면 기성세대는 젊은 사람들이 자기 자신만 생각한다며 이기적이고, 회사에 대한 책임감이 부족하다고 질책한다. 이렇게 직장 안에서 휴가를 쓰는 경우만 보더라도 세대 간의 생각은 첨예하게 다르다. 이 생각의 차이는 서로의 입장을 이해하고 소통하려는 노력이 수반되지 않는다면 언제든 큰 갈등의 씨앗이 될 수 있다. 나 또한 시간이 흐르면 기성세대가 될 것이다.

물론 대한민국 경제성장의 주역인 기성세대들의 헌신과 노고를 인정하며 존경한다. 그들의 입장을 이해하지 못하는 것은 아니다. 하지만 자신의 생각이나 주장을 타인에게 강요하고 주입하려는 것은 결국 '꼰대'가 되었다는 것을 의미한다. 나는 미래의 내가 '꼰대'라고 불리지 않길 간절히 바랄 뿐이다.

세대 간 갈등뿐만 아니라 성별 간에도 갈등이 뚜렷하다. 미국에서 시작된 미투는 우리나라에서도 뜨거운 감자였다. 서지현 검사의 검찰 내 성폭력 폭로 후 미투 운동은 빠르게 증폭되었고, 연예계부터 문학계, 정치계까지 퍼졌다. 미투 운동의 가해자는 주로 사회적으로 권력을 가진 남성이었기 때문에 남성을 바라보는 시선과 인식이 순식간에 혐오로 변했다. 이에 일부 남성들 또한 미투 운동 대열에 합류하며 성추행과 성폭행 피해에 있어선 남녀가 다를 수 없다며 자신들의 피해 사실을 털어놓았다. 이에 여성들은 성폭력 피해자의 90% 이상이 여성이기 때문에 남성의 미투 운동 참여는 이번 사태의 본질을 흐릴 수 있고, 여성이 사회적 약자로 받아 온 차별과 피해를 부각시키기 어려워진다며 우려를 표했다. 미투 운동으로 인해 그동안 숨겨야 했던 수많은 여성들의 피해 사실을 수면 위로 올릴 수 있게 되었다.

반면에 남녀가 서로를 비난하는 젠더갈등이 가속화되기도 했다. 미투는 성폭력과 성추행을 근절할 수 있는 개개인의 용기 있는 외침이자 사회적으로 성인지감수성을 높일 수 있는 운동이다. 이제부터라도 이러한 흐름의 본질을 잃지 말고, 단순히 남녀로 편을 나누어 서로를 공격하거나 사실을 왜곡하는 일은 지양해야 한다.

현대 사회는 X세대부터 Z세대까지 다양한 세대들, 그리고 남녀가 어우러져 다양한 공동체 생활을 하고 있다. 이들은 각자 다른 생각과 다양한 입장을 가진다. 서로 간에 갈등이 생기는 것은 불가피하다. 하지만 다름을 인정하지 않고, 그저 편을 나누어 서로를 부정하거나 비난하는 행위는 멈추어야 한다.

상대를 이해하려는 세심한 노력을 해야 한다. 상대의 입장을 충분히 헤아릴 수 있도록 상대에게 지속적인 관심을 가져야 한다. 개인, 기업, 사회 모든 면에서 소통을 중요하게 여기며 서로에 대한 이해와 공감이 먼저 이루어져야 한다. 소통은 강력한 힘을 지니고 있다. 우리는 불통이 심화되면 얼마나 큰 위험에 빠질 수 있는지 잘 알고 있다. 소통은 우리에게 연결된 모든 관계에서 꼭 필요하고 중요한 가치이다. 앞으로 더욱 다양한 상황에서의 소통 매뉴얼이 만들어져야 하고, 경청과 공감을 바탕으로 한 구체적인 소통 환경을 구축해 나가야 한다. 소통이라는 단어가 자주 쓰이고, 중요한 화두가 되어야 한다.

자유롭고 싶지만 외롭기는 싫은

인간은 자유로움과 외로움 사이에서 방황하는 존재이다.

나는 전남 순천의 한 조그마한 시골 마을에서 나고 자랐다. 그곳에서 중학교 때까지 살았다. 중학교를 졸업하고 나서는 시내에 있는 고등학교에 진학하게 됐다. 집에서 고등학교까지 가려면 버스를 한 번 더 갈아타야 했기에 1시간이 넘게 걸렸다. 매일 왕복 2시간이 넘는 통학 시간을 감당할 수 없었던 나는 부모님의 권유로 순천 시내에 계시는 고모 집에서 신세를 지게 됐다. 당시에 사촌 형은 고3 수험생이었는데, 방이 부족해 사촌 형과 같은 방을 사용해야 했다. 한창 예민한 시기임에도 사촌 형은 나를 흔쾌히 받아주었다. 하지만 아무리 고모가 잘해주고 사촌 형이 배려해준다 한들 속 편하게 행동했던 우리 집만큼 편하진 않았다. 친척 집에 머물게 된 것이 다행이고 감사하긴 했지만, 스스로 밥을 챙겨 먹는 것부터 잠자리에 드는 것까지 은근히 신경 쓰이는 부분이 많았다.

친척 집에서 나름의 불편을 감수하며 2년 동안 학교에 다녔고, 고등학교 3학년이 되어서 우연히 기숙사에 들어갈 수 있었다. 기숙사는 고모네 집보다 마음은 편했지만, 단체생활이기에 일어나는 시간과 자는 시간이 정해져 있는 등 지켜야 할 규율이 많았다. 집과 친척 집을 떠나 독립은 했지만, 기숙사 생활 역시 완벽히 자유로울 수는 없었다.

고등학교 시절을 고모 집에서 2년, 기숙사에서 1년간 지내며 함께 지내는 사람들을 신경 쓰는 생활을 해서인지 대학교만큼은 제대로 독립하고 싶었다. 다른 이의 눈치를 보지 않고, 내 시간과 공간을 자유롭게 쓰고 싶었다. 대학교에 합격하는 순간 나는 부모님께 자취방을 구하겠다고 용기 내어 말씀드렸다. 경제적으로 넉넉하지 않았기에 부모님은 비싼 사글세를 내야 하는 자취방 대신 기숙사를 권했지만 내 고집을 꺾지는 못하셨다.

우여곡절 끝에 본격적인 자취생활이 시작됐다. 드디어 해방이다! 비로소 자유를 얻었다. 다른 사람을 신경 쓸 일도, 타인의 구속받을 일도 없었다. TV를 보고 싶으면 TV를 봤고, 늦잠을 자고 싶으면 해가 중천에 뜰 때까지 늘어져 잤다. 술을 마시고 싶으면 코가 삐뚤어질 때까지 마셨고, 통금이나 시간의 제약 없이 내가 원할 때 집에 들어갔다. 자취생활이 주는 일상의 자유는 참으로 달콤했다. 고요한 나만의 공간에서 혼자만의 시간을 가지는 행복에 취해 세상을 다 가진 기분이었다.

하지만 사람의 마음이란 참 모를 일이다. 그토록 혼자 있는 시간을 원하고 자유로운 생활을 마음껏 즐기고 있는데도 문득 쓸쓸한 기분이 드는 건 왜인지. 어떤 날에는 친구들을 만나서 시끌벅적하게 술을 마시고 집으로 돌아와 잠을 청해도 쉽사리 잠이 들지 않았다. PC방에서 신나게 게임을 하고 집에 돌아와 아무도 없는 고요한 집에 발을 들여다 놓을 때마다 마치 낯선 공간에 와있는 느낌이 들기도 했다. 혼자라서 자유롭고 좋았던 시간은 어느새 덩그러니 혼자인 것만 같은 적막함으로 바뀌었다. 아이러니하게도 자취생활이 익숙해질수록 나는 걷잡을 수 없는 외로움을 느끼고 있었다. 혼자서도 충분히 잘 살 수 있는 사람이라고 확신했고, 외로움의 감정은 그저 나와 관계없는 일이라 여겼다.

사람은 소중한 것을 잃고서야 비로소 그 빈자리와 가치를 안다고 했던가. 함께 지내기 위해 신경 써야 하는 것은 많았지만, 사람들과 더불어 지낼 때는 서로 주고받는 대화와 눈빛 속에 따뜻한 온기가 있었다. 가족이나 친척, 친구나 외부 사람들과의 관계에서 채워졌던 유대감과 소속감, 친밀함과 안정감이 있었다. 하지만 그때는 그 가치와 의미를 잘 알지 못했다.

대학생활 1년은 이렇게 자유가 주는 짜릿한 해방감과 관계의 단절에서 오는 외로움 사이를 롤러코스터 타듯 오가며 보냈다. 솔직히 말하면 해방감은 잠시였고, 외로움을 느끼는 시간이 더 많은 듯했다. 대학교 2학년이 되자마자 나는 더 이상 혼자 지내고 싶지 않아 제주도에 사는 절친한 친구와의 하숙을 결정했다. 군대에 가기 전까지 약 6개월 정도 짧은 기간이 남아있었는데, 적어도 그 기간만큼은 사람과 부대끼며 외롭지 않게 보내고 싶었다.

친구와 나는 성격도 잘 맞아서 다툼 한번 없이 무난하게 하숙 생활을 했다. 매일 밥도 같이 먹고 많은 얘기를 나누면서 더욱더 가깝고 막역한 사이가 됐다. 더는 외롭지 않았고, 매 순간이 즐거웠다. 더불어 사는 집은 온기가 있다는 것을 체감했고, 누군가와 대화를 나누는 안정감이 생각보다 크다는 것을 느꼈다.

하지만 사람은 적응의 동물이고 망각의 존재이다. 같이 지내는 시간이 적응되고 익숙해지니 사람이 주는 온기를 예찬하던 나는 온데간데없이 사라지고, 조금씩 불편함을 느끼기 시작했다. 같이 생활하다 보니 하숙집에 누굴 선뜻 초대할 수도 없고, 원하는 대로 방 구조를 바꿀 수도 없었다. 내게 맞는 동선으로 마음껏 물건을 배치할 수도 없었다. 내 목소리를 내기보다 다른 이의 상황에 맞추는 게 속이 편하고, 굳이 티를 내지 않는 성격이라 친구가 피곤해하면 잠이 오지 않더라도 자는 척을 했다. 같이 먹는 메뉴가 썩 내키지 않아도 맛있게 먹는 모습을 보이기도 했다. 역시나 누군가와 같이 지내는 것은 장기적으로 힘들다는 생각이 들었다. 다시금 홀연히 혼자가 되고 싶었다. 친구 또한 내게 따로 표현하거나 말하지 않았지만 나와 같은 심정이라는 것이 느껴졌다.

진정한 자유를 위해 부모님까지 설득하며 무리해서 자취를 시작했지만, 적막한 방안에 혼자 덩그러니 앉아있는 자신을 느낄 때마다 쓸쓸함이 파도처럼 밀려왔다. 결국 마음 맞는 친구와 같이 하숙을 결정했지만, 얼마 지나지 않아 다시 혼자가 되고 싶은 마음…. 사람의 마음이 이렇게 간사할 수 있을까. 내 마음이지만 도통 종잡을 수가 없었다. 15년도 더 된 이야기이지만 과거의 내 모습을 보면 자유로움과 외로움 사이에서 방황하는 존재였던 것 같다.

현재 우리나라 10가구 중 3가구는 1인 가구라고 볼 수 있다. 이제 결혼은 필수가 아니라 선택이다. 가족이라 하더라도 가치관이나 라이프 스타일이 다르면 따로 독립해 사는 가정이 늘고 있다. 기업들은 1인 가구 소비자를 잡기 위한 다양한 제품을 개발하고 있다. 1인 가구를 위한 전용 가전제품이나 생활용품 등을 주위에서 쉽게 찾아볼 수 있다. 1인 가구의 수요나 소비가 사회 트렌드로 자리 잡은 지 오래다. 1인 가구는 누구에게도 얽매이지 않고 본인이 원하는 대로 자유롭게 생활할 수 있다.

하지만 내 경우처럼 자유를 원했지만 외로움도 공존했듯이 어두운 면이 존재한다. 불규칙한 식생활, 퇴근 후 어두컴컴한 집에 홀로 들어설 때마다 느끼는 외로움, 어떤 상황이나 문제가 생겨도 스스로 해결해야 한다는 부담감, 몸이 아플 때 챙겨주는 이 없어 밀려오는 서러움 등등. 이처럼 혼자이기에 자유롭고 편하지만 혼자이기에 감당해내야 하는 것들도 많다.

그래서 1인 가구에서 더 나아가 혼자 있는 외로움과 고립감을 극복하기 위해서 소셜다이닝, 소셜클럽 등을 만들어 다른 1인 가구들과 모임을 갖거나 정보를 공유한다. 또한 1인 가구의 증가와 함께 여러 1인 가구가 함께 모여 사는 셰어하우스 등이 인기 있는 주거 형태로 자리 잡았다. 겉모습은 여느 원룸과 다를 바가 없고, 방마다 세탁기, 화장실 등 거의 모든 옵션이 들어가 있다. 하지만 기존의 원룸과 다르게 방안에 주방이 없다. 주방은 많은 사람들이 함께 할 수 있는 공용공간으로 만들어져 서로 정보를 나누거나 커뮤니케이

션할 수 있는 유일한 장소로 사용된다. 자유롭고 싶지만 외롭기는 싫은 인간의 본능과 바쁜 현대인들의 라이프 스타일이 결합된 주거 형태이자 소통 환경이 된 것이다.

현대사회는 핵가족화가 심화되어 다른 사람과 부대끼며 갈등을 해결하고, 다양한 의사소통을 경험하는 가정의 일차적 사회화 기능이 현저히 줄었다. 형제자매 없이 혼자 커 온 사람들도 늘어나면서 서구적 문화나 의식이 결합된 개인주의가 우선시되는 일상도 많아졌다.

이처럼 사람들은 인간관계에서 나름의 적정한 안전거리를 통해 개인의 사생활 또한 존중받길 원한다. 하지만 아무리 다수보다 각 개개인이 중요해졌다 해도 혼자 살 수 있는 세상이 아니란 것을 누구나 잘 알고 있다. 결국 자유롭고 싶지만 그렇다고 외롭기는 싫은 우리는 결국 타인과 소통해야 하는 수고스러움을 선택할 순간이 온다. 마치 내가 자취방에서 혼자 잘 지내다가도 함께 살 룸메이트를 간절히 찾았던 그 순간처럼 말이다.

우리는 혼자만의 시간을 간절히 원하는 동시에 결국은 더불어 사는 관계에서 행복을 느끼는 존재임을 잊지 말자. 각자의 견고한 울타리가 있다 하더라도 그 울타리 너머의 타인과 연결되고 싶은 시점은 반드시 온다.

일이 아니다, 문제는 관계다

관계에서 오는 갈등은 회피하거나 외면해서도 안 된다.

바늘구멍 통과하기만큼 어렵다는 요즘 취업. 내가 취업을 하던 시점보다 요즘 취업난은 훨씬 심해졌다. 더군다나 코로나19 사태까지 겹치면서 사상 최고의 실업률을 기록하고 있다는 뉴스를 자주 접하게 된다. 저성장과 팬데믹(세계적으로 감염병이 대유행하는 상태)시대를 만나 취업에 고전을 면치 못하는 고달픈 20대를 보면 약 10년 전, 이제 막 신입사원으로 입사했던 내가 떠오른다.

2010년 대학 졸업을 앞두고 7전 8기 도전 끝에 취업에 성공했다. 나는 묻지도 않는 사람들에게 동네방네 취업 소식을 알리고 다닐 만큼 무척 기뻤다. 사회의 한 구성원으로서 떳떳하게 첫발을 내디딜 수 있어서 들떴고, 무엇보다 더 이상 부모님께 손 벌리지 않고 경제적으로 독립할 수 있다는 것에 감사했다. 말끔하게 정장을 차려입고 첫 출근을 하던 날이 떠오른다. 어떤 일을 할 것인지, 어떤 동료를 만날 것인지 설레고 기대됐다. 다행히 나는 마음씨 따뜻한 동료와 상사들을 만났고, 사람들과 좋은 관계를 유지하며 꽤 즐거운 직장 생활을 했다. 내가 맡은 일 또한 적성과 잘 맞았다. 하지만 나의 운은 딱 거기까지였고, 회사 사정으로 인해 입사한 지 1년 만에 근무지를 전북 익산에서 경남 창원으로 옮기게 되었다. 이로 인해 나의 직장 생활은 급격히 내리막길을 걸었다.

창원에서는 일의 강도와 조직 분위기가 익산과 현저히 달랐다. 일은 자정이 넘어서 끝나는 날이 다반사였고, 회사와 집을 오가는 쳇바퀴 같은 일상이 반복됐다. 사회초년생이라 일도 익숙지 않았고, 갑작스러운 발령으로 사람들이랑 친해질 시간도 없었다. 그래서 여러 사람의 눈치를 보며 온종일 긴장한 상태로 일을 할 수밖에 없었다. 결국 서서히 몸에 이상 신호가 오기 시작했다. 여가 시간은 고사하고 제대로 잠을 잘 시간도 부족하다 보니 나는 완전히 탈진했다. 서서히 회사 일에도 회의감이 들기 시작했다. 하지만 어떻게 들어온 회사인가. 게다가 겨우 1년 남짓 근무했을 뿐이다. 여기서 무너진다면 뒷바라지를 해주신 부모님 얼굴을 볼 면목도 없었기 때문에 버텨낼 수밖에 없었다. 다행히 시간이 지날수록 업무에 적응할 수 있었고, 휘청거리던 몸도 조금씩 회복되었다.

하지만 전혀 생각지도 못했던 문제가 나를 기다리고 있었다. 바로 상사와의 관계였다. 그는 나를 육성시킨다는 명목으로 마음에 들지 않는 부분을 하나하나 지적해나갔다. 본인이 원하는 수준으로 일을 처리해내지 못하면 다른 사람과 함께 있는 공간에서 갑자기

큰소리를 냈다. 말끝마다 듣는 사람이 불쾌할 수 있는 욕설도 거리낌 없이 했다. 물론 내가 처음이라 미숙했던 부분이 있었을 것이고, 업무 능력을 올리기 위해 가르치는 과정에서 나오는 지적과 질책은 감수할 수 있다. 하지만 나는 아무리 상대가 큰 잘못을 했더라도 감정적으로 대처하는 것은 옳지 않다고 생각한다. 그는 대부분 이성적이기보다는 감정적으로 행동했고, 가끔 분이 풀리지 않는 모습으로 막말을 하기도 했다. 나는 언제 맞닥뜨리게 될지 모르는 상사의 고함에 살얼음을 걷는 듯 불안했고, 적절한 비판이 아닌 그저 날 선 비난에 하루하루가 무척이나 고통스러웠다.

'이런 대접과 모욕을 받으면서까지 이 회사에 다녀야 하나?'
'이놈의 회사 내일이라도 당장 때려치울까?'

회사를 그만두어야겠다는 생각이 하루에도 수십 번 내 머릿속을 스쳤다. 오늘은 또 어떤 일이 벌어질까 하는 불안과 두려움에 아침에 일어나면 가슴이 꽉 막힌 듯 답답했다. 평소에 밝고 잘 웃던 나의 표정은 하루가 다르게 점점 일그러져갔다. 큰소리와 욕설을 내뱉는 상사 앞에서 나는 시간이 갈수록 더욱 움츠러들었다. 어떻게 행동하고 반응해야 할지 도저히 알 수가 없었다. 내 생각을 적절히 표현하는 것은 고사하고, 비인격적인 행동에도 그저 아무 말도 못하고 참을 수밖에 없었다. 상사를 원망하는 마음과 부정적인 감정이 점차 쌓였고, 나중에는 될 대로 되라는 마음마저 들었다. 상사가 하는 업무지시를 한 귀로 듣고 한 귀로 흘리는 수동적 공격성으로 시작해 나는 상사와의 의사소통을 모두 거부하는 상황까지 가게 되었다. 그는 당연히 이런 나에게 분노했고, 이 고통스러운 상황은 나의 퇴사로 끝이 났다.

상사와의 갈등으로 첫 직장을 그만둘 수밖에 없었던 나처럼 회사에서 주어진 '일'보다 상사나 동료와의 '관계'때문에 스트레스를 받아서 휴직, 이직, 퇴사까지 하는 직장인들이 많다.

취업포털 인크루트 설문조사 결과에 따르면 직장에서 퇴사하는 이유 2위가 '동기나 상사 등 직장동료와 관련해 문제가 생겼을 때'이다. 벼룩시장 구인구직이 직장인을 대상으로 2019년 새해 소망이 무엇인지에 대한 설문 조사를 했을 때 '원활한 인간관계'가 2위로 집계됐다. 두 가지 설문조사만 보더라도 우리는 직장 내 인간관계가 삶에서 얼마나 많은 비중을 차지하는 지 알 수 있다.

도대체 왜 우리는 회사에서 '일'만큼, 때로는 일보다 더 '관계'에 힘들어하는 걸까? 일은 여러 사람과 함께 해야 한다. 혼자 할 수 있는 일도 있겠지만 보통은 팀 단위로 추진하는 일이 더 많다. 그래서 일을 할 때 팀원들과의 의사소통과 협력이 매우 중요하다. 하지만 사람들은 각자 살아온 환경과 가치관이 다르다. 그래서 생각과 의견, 서로 관계를 맺고 소통하는 방식 또한 다르다. 이런 차이는 관계의 어려움으로 이어지고, 소통하는 과정에서 마찰을 일으킨다. 결국, 사람 관계로 인한 갈등은 일에까지 부정적인 영향을 준다. 반대로 관계가 원만하고 상호 의사소통이 원활하면 일의 속도와 성과 또한 높아진다.

비슷한 환경에서 함께 오랜 시간을 부대껴온 가족조차도 의견 차이로 말다툼을 많이 한다. 하물며 수십 년 동안 다른 환경에서 지내오다 우연히 같은 조직에서 만난 사람들은 당연히 관계 맺기와 의사소통이 더욱더 어렵다. 그렇다고 인간관계가 무서워 일하지 않을 수도 없고, 나처럼 고생해서 들어간 직장을 매번 퇴사할 수도 없는 일이다.

우리는 더 이상 '일'이 아니라 '관계' 때문에 고통스러운 회사생활을 하거나 섣불리 회사를 그만둬서는 안 된다. 인간관계로 오는 갈등을 회피하거나 외면해서도 안 된다. 직접 맞닥뜨려 해결하지 않으면 계속 똑같은 문제가 반복될 가능성이 높기 때문이다. 사람들은 습관처럼 본인이 기존에 하던 방식 그대로 사람들과 관계를 맺거나 위기상황을 대처한다. 기존과 달라지거나 개선된 것이 없다면 계속 익숙한 방법을 선택하게 된다. 비슷한 상황은 반복되고, 피하고 싶은 사람은 계속 나타난다. 해결되지 않은 문제가 끊임없이 반복된다.

내가 그랬다. 나는 첫 취업의 기쁨도 뒤로한 채 직장 상사와의 마찰로 퇴사를 했고, 석 달 후 다른 직장에 다시 취업했다. 하지만 첫 직장에서 나를 힘들게 했던 상사와 비슷한 유형의 사람을 또 만났고, 두 번째 직장에서도 상사와의 갈등으로 인한 문제가 똑같이 불거졌다. 그때의 나는 하늘을 올려다보며 원망을 늘어놓기 바빴다. 왜 나만 이런 사람을 두 번씩이나 만나서 힘들어해야 하는지 억울하고 원통했다. 하지만 불평불만을 늘어놔봤자 나아지는 건 아무것도 없었다. 오히려 가슴 속에 화만 늘어 매사 모든 일이 짜증스러웠다.

이대로는 안 되겠다는 심정으로 이 위기를 어떻게든 극복하려고 마음먹었다. 전문가를 만나 상담을 받았고, 내가 타인과 관계를 맺는 방식에 문제가 없는지 분석하며 소통 공부를 시작했다. 내가 나도 모르게 반복해왔던 미숙한 소통 방식을 파악했고, 조금씩 개선해나갔다. 그러자 상사와의 관계는 점차 나아졌고, 직장생활이 빠르게 안정되었다. 일에 제대로 집중할 수 있게 되자 업무능력이 더 강화된 것은 말할 것도 없다.

일이 아니라, 문제는 관계다. 지금 '일'이 아닌 '관계' 때문에 직장을 퇴사할 생각이라면 마지막으로 한 번만 더 노력해보자. 먼저 나처럼 자신이 타인과 어떻게 소통을 하고 있는지 객관적으로 직시해보자. 자신의 소통 방식을 분석하며 이 상황을 개선할 소통 공부를 시작해야 한다. 소통 공부는 상대와의 '관계'를 개선하는 보약이다. 기력이 없을 때 보약을 먹으면 심신의 활력이 차오르며 모든 일이 술술 풀리는 것처럼 소통이 원활해지면 관계는 저절로 개선된다. 답은 분명히 나 자신에게 있다.

혼자 살아가는 세상이 아니다

육체가 쓰러지면 전에는 깨닫지 못했던 것을 깨닫게 된다.

'인간(人間)'은 한자어 사람 인(人)과 사이 간(間)의 합성어로 '사람과 사람 사이'라는 뜻이다. '인간'의 한자어 뜻에서 알 수 있듯이 인간은 사람과 사람 사이에서 서로 어울리며 살아가는 존재이다. 인류가 시작된 원시시대부터 사람들은 무서운 동물들의 위협으로부터 자신들을 보호하기 위해 함께 집단생활을 했다. 맹수의 위협이 사라진 현대 사회에서도 사람들은 서로 결집하려고 한다. 각종 모임을 만들거나 모임에 소속되고자 한다. 고대 그리스 철학자인 아리스토텔레스는 이렇게 타인과 결집하여 상호작용을 하려는 인간을 두고 '인간은 사회적 동물이다'라는 말을 남기기도 했다. 결국, 인간이란 존재는 선천적이고 본능적으로 혼자 살아갈 수 없다는 것을 의미한다.

나는 시골에서 어린 시절을 보냈다. 하루가 멀다고 동네 누나, 형들과 함께 날이 어두워지기 전까지 비석치기, 숨바꼭질, 연날리기, 딱지치기 등과 같은 전통놀이를 하며 놀았다. 요즘 아이들과는 달리 혼자 놀았던 기억보다 항상 누군가와 어울렸던 기억이 난다.

우리 집 또한 이웃과 많은 교류를 하면서 지냈다. 할아버지 생신 때는 온 동네 어르신들을 모셔다 음식을 대접했고, 추수가 한창인 가을에는 서로 품앗이를 하며 부족한 일손을 메웠다. 추수가 끝나고 겨울이 오면 한 집에 마을 사람들이 옹기종기 모여앉아 고구마를 쪄먹으며 도란도란 이야기꽃을 피웠고, 명절 때가 되면 온 마을 사람들이 하나가 되어 잔치를 벌였다.

시간이 흘러 고등학생이 된 나는 공부를 하다가 지칠 때면 친한 친구와 오락실에 자주 갔다. 친구와 오락실에서 축구 게임도 하고 노래도 부르면서 스트레스를 풀었다. 나름대로 고민이 많았던 그 시절, 힘들 때마다 가장 의지가 됐던 건 좋은 날과 힘든 날을 함께한 친구들이었다. 고등학교 3학년 때는 기숙사 생활을 했다. 수능시험 준비를 위해 기숙사 친구들과 단체로 식당에 모여 밤늦도록 공부를 했다. 혼자서는 막막하고 견디기 힘들었을 고3 수험생활도 여러 친구들과 함께 했기에 무사히 완주할 수 있었다.

대학생 때는 혼자 자취를 했다. 고등학교를 졸업하고 타지로 떠나 독립적인 생활을 하는 것은 부모님의 품을 벗어나 자유로움을 만끽할 수 있는 신나는 일이었다. 하지만 자유로운 기분도 잠시 나는 뜻밖의 외로움을 겪으며 힘든 시간을 보내기도 했다. 부모님이 보내주신 용돈이 떨어져 경제적인 어려움까지 겪었을 땐 세상에 혼자 고립된 것만 같은 막막한 기분이 들기도 했다. 이런 어려움을 대학 생활 4년 내내 혼자서 감당해야 했다면 잘 적응하지 못하고 방황했을지도 모른다. 각종 집안의 대소사나 명절 때면 시끌벅적해지는 대가족 생활에 익숙했던 나에게 혼자 감내해야 한다는 것이 쉽지 않은 일이었다. 다행히도 4년의 대학 생활을 무사히 마칠 수 있었다. 그것은 사람과의 교류와 소통에서 오는 따뜻한 온기 덕분이었다. 외로움은 나와 같은 처지의 자취생 친구들과 함께 지내며 버텨낼 수 있었다. 라면 한 봉지 사 먹을 돈조차 없을 때 선뜻 집으로 초대해 따뜻한 밥을 차려준 친구들 덕분에 경제적인 어려움도 이겨낼 수 있었다.

대학 졸업 후 회사에 입사했다. 회사는 다양한 개성과 성격을 가진 사람들이 모여 있는 곳이다. 일을 하다 보면 서로 얼굴 붉히는 일도 생기고, 상대에게 날카로운 말을 하는 경우도 있다. 직장생활을 하면서 나는 동료들과 어느 정도 일정한 거리를 둬야겠다고 생각했다. 그래야 내가 상처받는 경우도 덜하고, 일도 객관적으로 처리할 수 있다고 생각했기 때문이다. 일정한 거리를 두기 때문에 예방할 수 있는 점도 있었을 것이다. 하지만 시간이 지날수록 하루 중 가장 많은 시간을 함께하는 직장 동료들과 친해지기가 어려워지자 점점 외로워져 갔다. 다들 잘 지내는데, 나만 혼자 겉도는 것 같았다. 불안한 마음에 회사 동호회에 가입해서 활동하기도 했다. 일이 힘든 것보다 힘든 시간을 함께 나눌 동료나 친구가 없었던 게 큰 것 같다.

회사는 한 번도 가본 적 없는 낯선 도시에 있었다. 그래서 아는 사람은 물론이고 근처에 찾아갈 친구도 없었다. 결국 나는 혼자 있는 외로움을 견디지 못하고 그저 사람을 만나려고 산악 동호회, 볼링 동호회에 가입해 몇 년간 활동했다. 다양한 사람들과 만나 함께 취미 생활을 즐기면서 낯선 도시에 적응해 나갔고, 비로소 마음의 안정을 찾을 수 있었다.

어려서부터 지금까지 내 삶을 돌아보면 힘들 때나 기쁠 때나 항상 누군가와 함께 시간을 보냈다. 그리고 철저히 혼자가 되고 싶어 했거나 사람들과 일정한 거리를 두고자 했을 때도 결국 마지막에는 사람들 틈 속에 있었다. 타인의 간섭을 싫어하고, 혼자 있는 시간이 꼭 필요하다고 느끼는 나조차도 혼자 사는 세상은 불가능했다.

생텍쥐페리의 《아리스로의 여행》을 보면 '육체가 쓰러지면 그전에는 깨닫지 못했던 것을 다시금 깨닫게 된다. 인간은 관계의 덩어리라는 것을. 오직 관계만이 인간을 살게 한다는 것을'이라는 이야기가 나온다. 건강에 대한 자신감은 둘째가라면 서러운 나였지만, 몇 년 만에 한 번씩 심하게 아플 때가 있었다. 그때 기억을 떠올려 보면 혼자일 때가 많았다. 누구의 도움도 받지 않고 혼자 약을 먹고 견뎌야 했다. 그래서 누군가 옆에서 보살펴 줬으면 하는 마음이 간절했다. 아무리 강하고 혼자 사는 데 도가 튼 사람도 궁지에 몰리거나 몸이 아프면 결국 사람이 그리워진다. 누군가의 따뜻한 손길을 그리워하게 되고, 누군가의 작은 한 마디가 다시 몸을 일으켜 세우는 계기가 된다.

사람으로 태어난 이상 우리는 혼자 살아갈 수 없다. 아주 오래전부터 집단생활을 해온 인간의 본능이 우리를 다른 사람과 함께 더

불어 살아가게끔 한다. 현재 사람과 사람 사이의 관계로 인한 갈등과 대립의 모습은 아주 다양하고 첨예하다. 사람이 사람을 멀리하고 싶거나, 혼자 사는 인생을 선택하게 되는 것도 이러한 마찰이 반복되는 것에 지쳐 벗어나고 싶은 마음일 것이다. 인생에서 그런 시기가 누구나 있고 나도 있었다. 그 시기를 부정할 마음은 없다. 하지만 사람과 더불어 살아가는 생활이 힘든 것처럼 혼자 살아가는 세상 또한 절대 쉽지 않다. 우리가 살아온 인생을 가만히 돌아봤을 때 기억이 날 만큼 힘들었던 시기에 꼭 우리는 혼자가 아니었다. 나와 함께 해준 누군가가 있었다. 그 누군가가 있었기에 그 시기를 잘 보낼 수 있었고, 인생에서 한 단계 성장할 힘을 얻었다.

　이처럼 사람으로 인한 상처는 결국 사람으로 치유된다. 사람으로 인해 겪은 인생의 희로애락은 결국 그 사람을 성장시킨다. 사람과의 소통과 교류에서 오는 상호작용 즉 관심, 배려, 공감, 애정이 결국 인생을 더 잘 살게 하는 원동력이다. 혼자서도 편리하게 살 수 있는 세상이 되었지만, 혼자 살아가는 세상이 아님을 기억하자.

통하지 않으면 결국 아프다
불통은 어느날 갑자기 삶을 송두리째 바꿔놓는다.

허준이 지은 명불허전 의학서《동의보감》에 '통즉불통 불통즉통'이라는 말이 나온다. 이 말은 '통하면 아프지 아니하고, 통하지 않으면 아프다'는 뜻이다. 즉 기나 혈의 흐름이 원활한가 아닌가에 따라 몸의 건강이 결정된다는 의미다. 무려 10만km에 달하는 혈관은 우리 몸 구석구석을 지나며 혈액을 순환시킨다. 혈액은 혈관을 타고 온몸의 세포에 필요한 영양소와 산소를 운반해준다. 몸속에 침입한 세균을 잡아먹어 질병으로부터 우리 몸을 지키는 저항력도 높여준다.

반면 혈액이 지나가는 혈관이 막히면 우리는 심혈관 질환이나 치매와 같은 뇌혈관 질환을 앓게 된다. 혈관 흐름이 원활하지 못하면 시술이나 수술 등의 치료가 필요할 수 있고, 죽음에까지 이를 수 있다. 그래서 혈액이 온몸 구석구석 막히지 않고 원활하게 흐를 수 있도록 평소의 식습관과 생활습관을 건강하게 유지하는 것이 중요하다. 기나 혈의 흐름이 원활함에 따라 몸의 건강이 결정되듯 소통이 원활함에 따라 사회의 건강 또한 결정된다. 인간이 몸담고 있는 사회가 사람의 몸이라면 사람과 사람이 연결된 관계는 손끝과 발끝까지 얇고 넓게 펼쳐진 미세한 모세혈관과 같다. 그 혈관을 타고 흐르는 우리 몸의 혈액은 사회의 원활한 흐름을 결정짓는 사회구성원들의 소통이라 할 수 있다. 이처럼 혈액의 원활한 소통이 없으면 우리는 존재할 수 없다. 우리의 몸과 같은 사회도 마찬가지다. 소통은 없어서는 안 되는 것이며 항상 원활한 흐름이 유지되어야 한다.

그렇다면 과연 소통이란 무엇일까? 사전적 의미로는 '막히지 아니하고 잘 통함'이라는 뜻이다. 원활한 소통이 된다는 것은 대화가 막히지 않고 잘 통한다는 의미다. 우리가 타인과 소통할 때도 동의보감에서 말한 '통즉불통 불통즉통'의 원리가 그대로 적용된다. 소통이 원활할 때는 사람들과의 관계가 즐겁고 마음 또한 편하다. 마음이 편하면 스트레스가 적고 몸도 건강하다.

반면에 소통이 잘되지 않으면 기분이 언짢고 상대방과 얼굴을 맞대고 있는 것 자체가 불편하다. 불편하면 만병의 근원이라는 스트레스를 받게 된다. 스트레스가 심하면 화병, 불안, 두통, 불면, 우울 등과 같은 증상이 우리를 엄습한다. 제때 조절하지 않으면 약물과 의학적 치료가 진행되어야 하는 상황까지 갈 수 있다.

두 번째 직장에서 나는 지난 수년 동안 상사와 소통이 되지 않아 매우 힘들었다. 이런 불통이 곧 마음의 병으로 이어졌고, 몸에 영향을 미쳤다. 매일 불안과 가슴 두근거림, 두통과 불면증으로 고통스러운 시간을 보냈다. 상사는 자기주장이 강하고 자신의 생각이나 의견을 잘 굽히지 않는 성격이었다. 어떤 일을 결정하거나 추진해나가는 데는 탁월한 강점이 있으나 누가 봐도 분명히 잘못된 사실이나 주장임에도 본인의 의견이 옳다며 무조건 밀어붙이는 경우가 많았다. 고심 끝에 용기를 내어 상사의 주장이 잘못되었거나 근거가 부족함을 짚기라도 하는 날이면 계속 나의 말꼬리를 잡고 늘어지며 막무가내로 자신의 주장을 관철시키곤 했다.

가끔 그는 내 의견이 보잘것없다는 듯 비웃거나 대놓고 무시하기도 했다. 어느 날 나는 "회사 단합행사를 해야 하는데, 매년 똑같이 산행만 하는 것보다 이번에는 색다르게 단체로 운동경기를 관람하는 건 어떻습니까?"라고 제안했다. 내 말이 떨어지기가 무섭게 상사는 "너는 생각이 있는 거냐? 운동경기 관람하는 게 무슨 단합행사냐?"라며 큰 소리로 무안을 주었다. 그의 대화방식은 매번 이런 식이었다. 평소에도 내가 실수를 할 때면 자신의 책상 앞에 수십 분을 세워놓고 면박을 주곤 했다. 주위 동료들에게 다 들릴 정도로 쩌렁쩌렁 큰 소리를 내며 공개적으로 질책하는 일도 많았다.

이런 상황이 반복되자 나는 내 의견을 솔직하게 말하는 것이 점차 어려워졌다. 그러다 보니 '이렇게 얘기해봤자 이번에도 비꼬겠지?' 하는 생각부터 들어 의사 표현을 제대로 할 수 없었다. 워낙 남들 앞에서 대놓고 질책하니 상사의 눈치뿐만 아니라 동료의 눈치를 보는 일도 많아졌다. 심한 모욕감을 느꼈고 자존감은 바닥으로 추락했다. 혹시나 또 실수해서 비난받을까 하는 두려움에 나는 점점 더 위축되었다. 소통은 자신의 생각이나 감정을 자유롭게 표현하는 데서부터 출발한다. 하지만 위와 같은 상황이 반복되다 보니 멀리서 상사의 목소리만 들려도 온몸의 털이 서는 듯 불안했고, 얼굴을 잠시 보는 것조차 힘들 정도로 상사를 기피하게 되었다. 보통 직장에서 일하며 보내는 시간이 하루 24시간 중 10시간 정도가 된다. 매일 나를 긴장시키고 불편하게 하는 사람과 그토록 긴 시간을 함께한다는 것은 정말 지옥 같은 일이다. 고통도 이런 고통이 없었다. 아침에 일어나면 가슴이 두근거려 출근 준비가 힘들 정도로 매일 도살장에 끌려가는 소가 된 듯 처참한 기분이었다.

만약 가정이라도 안정적이었다면 상황이 조금 달라졌을지도 모르겠다. 아내와의 관계가 좋았더라면 직장에서 힘든 상황이 큰 위안이 되었을 것이다. 하지만 불행하게도 나는 상사에게 느끼는 긴장감과 불안을 아내에게도 느낄 정도로 결혼생활 또한 힘들었다.

2018년 10월 아버지 생신날, 기차를 타고 순천에 가던 길이었다. 아내는 아산에서 우리 부모님이 계시는 순천에 가는 것이 너무 멀다고 불만을 토로했다. 그 말을 듣는 순간 '이미 가고 있는데 꼭 이런 말을 해야 하나?'라는 생각이 들었다. 갑작스럽게 이어진 아내의 불만 섞인 말들을 도저히 이해할 수 없었다. 1년에 서너 번은 차로 운전해서 순천에 가는 것이 내겐 익숙했다. 단 한 번도 아산에서 순천까지 가는 거리가 멀다고 생각해 본 적이 없었다. 하지만 그런 내 생각을 솔직히 말했다간 괜한 싸움으로 번질 것 같아 속으로 하고픈 말을 삼켰다. '뭐지? 다른 불만이 있어서 그런가?' 궁금했지만 아내의 말을 못 들은 척 넘겼다. 순천에 도착해서 부모님을 비롯한 친인척들과 아버지의 생신을 축하하는 즐거운 자리를 가졌다. 15명 남짓한 가족들이 모여서 맛있는 차돌박이를 먹으며 이야기꽃을 피웠다. 하지만 아내의 얼굴은 식사하는 내내 굳어있었다.

2시간 정도의 식사를 마치고 다시 아산으로 올라오던 길이었다. 아내는 사람들이 많이 모여서 정신이 없었다며 또 불만조로 얘기했다. 가족 행사가 있을 때마다 친인척들이 모여서 그간 궁금했던 안부도 묻고 식사를 하는 것이 당연했기에 그 당시의 나는 '이게 이렇게 화낼 일인가?' 하는 생각이 들었다. 음식을 준비하느라 힘들었던 것도 아니고, 딱히 기분 나쁠 만한 사건이 있었던 것도 아닌데, 아내가 왜 불만인지 도통 이해할 수 없었다. 아내의 짜증스러운 말투에 나 역시 화가 나 아내의 입장을 헤아리고 싶은 마음조차 사라졌다.

이 사건 이후로도 우리 부부는 사사건건 갈등을 겪었다. 조용히 넘어가는 날이 없었다. 서로가 추구하는 생활방식과 가치관의 차이가 너무나도 컸다. 생각 차이는 감정싸움으로 번지기 일쑤였고, 불안한 날들이 이어졌다. 서로의 날 선 신경전은 계속되었고, 나는 출근할 때나 퇴근할 때나 마음이 불안했다. 아내를 볼 때마다 가시방석에 앉은 듯했다.

아내 역시 나와의 불통으로 인한 스트레스가 몸에까지 영향을 주었다. 평소 예민했던 아내는 얼마나 스트레스를 받았는지 어느 순간에 하혈까지 시작했다. 걱정된 마음에 아내를 병원에 부지런히 데리고 다녔다. 부모님께 부탁해서 하혈에 좋다는 칡즙까지 내려 먹였다. 하지만 아내의 하혈은 좀처럼 멈추지 않았고, 몸은 갈수록 쇠약해졌다. 아내와 나는 심신이 지칠 대로 지쳐버렸다. 결국, 서로를 위해 각자의 길을 선택하기로 했다. 이렇게 나의 결혼생활은 끝이 났다. 통하지 않음에서 오는 뼈아픈 결과였다. 직장에서나 가정에서나 나는 통하지 못했고, 그래서 많이 아팠다.

직장에서의 불통은 그 누구에게도 털어놓지 못하고 울며 겨자 먹기로 억지로 버텼고, 시간이 갈수록 불안 증상이 더 심해졌다. 가정에서의 불통은 이혼으로 이어졌고, 그 후 나 자신을 자책하거나 아내를 원망하는 등 감정이 널을 뛰었다. 하루에도 수십 번씩 후회가 거듭되며 아무것도 손에 잡히지 않았다. 이러다가 죽을 수도 있겠다는 위기감에 생전 처음 심리 상담도 받아보았고, 한의원에 가서 비싼 약도 지어 먹었다. 수많은 전문가를 찾아다니며 최면치료, 에너지 치료, 내면아이 치료 등 도움이 된다는 온갖 치료는 모두 받았다.

지금은 매일 소통 공부를 통해 극복했지만, 그 당시의 나는 심각했다. 살아있지만 죽어있는 몸과 같았다. 하루하루 우울했고 심신이 피폐했다. 이렇게 회사와 가정에서 받은 스트레스를 억누르며 참아내고 꾸역꾸역 삼키기만 했으니 몸이 버텨낼 수 없었다. 배출되어야 했던 그 순간의 감정과 스트레스가 몸에 고스란히 쌓였다. 건강이 악화하면서 일상이 무너짐과 동시에 각자의 삶이 송두리째 흔들렸다.

혈관에 노폐물이 쌓이고 혈관이 막혀서 심근경색이나 뇌경색이 오는 것처럼 사람 간의 관계나 대화도 원활하지 않으면 묵혀있던 감정이 몸에 쌓여 활력과 기운을 막는다. 그러므로 우리는 하나뿐인 우리의 몸과 마음을 지키기 위해, 우리의 직장생활과 가정의 평안을 유지하기 위해, 우리의 소중한 일상과 삶을 바로 세우기 위해 소통 공부를 해야 한다.

통하지 않으면 결국 아프다. 원활한 소통을 우선순위로 챙기자. 건강한 심신과 모든 일이 잘 풀리는 데에는 '불통'이 아닌 '통하는 소통'에 있다.

소통, 관심의 크기만큼 보인다

사소하지만 작은 관심이 위대한 결과의 씨앗이 될 수 있다.

대학교 때 나는 친구들 사이에서 '무심이'로 불렸다. 친구들이 나를 '무심이'라고 부르며 놀린 이유는 나 자신 이외에는 주변 사람들에게 관심이 없어 보였기 때문이다. 친구들이 말하길 식사 때가 되면 다른 친구들은 밥을 먹었는지 묻기도 하고, 자취방에 와서 밥을 같이 먹자고도 하는데, 나는 단 한 번도 밥을 같이 먹자는 얘기를 하지 않았다는 것이다. 먼저 나서서 챙긴 적은 없지만 친구들에게 관심이 없어서 그랬던 건 아니었다. 내가 표현이 부족했었다는 점은 어느 정도 수긍했지만, 친구들이 지어준 '무심이'라는 별명이 썩 유쾌하지는 않았다. 식사는 매일 하는 일상적인 일이었기에 살갑게 챙기지 못했지만, 수업에 결석한 친구에게 전화해서 왜 오지 않았느냐고 물어보거나, 몸이 좋지 않은 친구의 컨디션을 주의 깊게 살피는 등 나름대로 주변 사람들에게 관심을 가졌다고 생각했다. 요즘 말로 무뚝뚝해 보이지만 무심한 듯 챙겨주는 '츤데레' 스타일이라고나 할까. 그때는 대수롭지 않게 여겼지만, 소통 공부를 하는 지금은 내가 사람들을 챙기는 기준과 주변 사람들이 내 모습을 보고 판단하는 기준이 정말 다르다는 것을 느낀다.

대학을 졸업하고 곧바로 회사생활을 시작하면서 몇 년의 시간이 흘렀다. 회사에서는 일도 중요하지만 동료들과 친밀한 관계를 유지하기 위해 생일이나 화이트데이, 빼빼로 데이와 같은 기념일을 챙기는 직원들이 종종 있었다. 사실 나는 이런 이벤트를 원하거나 챙기는 스타일이 아니다. 살짝 낯 간지러운 느낌이 들기도 하여 동료들이 선물을 줄 때마다 고마워하며 받기만 했고, 내가 한 번이라도 제대로 챙긴 적은 없었다.

그러던 어느 날이었다. 갑자기 환한 촛불로 장식된 생일 케이크가 내 눈앞에 등장했고, 나는 순간 놀란 토끼 눈이 되었다. 얼떨떨한 모습으로 물어보니 상사를 비롯한 직장동료들이 한마음 한뜻으로 준비한 서프라이즈 생일 이벤트였다. 직장 동료들은 나를 위해 생일축하 노래까지 불러 주었다. 나는 겉으로 어색해했지만 내심 무척이나 감동했다. 평소 퉁명스럽게 말하거나 거의 화만 냈던 상사였기에 내 생일을 챙겨줄 것이라고 전혀 예상할 수 없었다. 잠깐 이야기를 나누는 시간도 불편하고 부담됐던 상사와 그날만큼은 편하고 기분 좋게 대화를 나눌 수 있었다. 다른 동료들도 그날만큼은 더 가깝게 느껴졌다. 사무실 분위기도 한껏 부드러워졌다.

나는 그날을 계기로 작은 관심과 표현이 불러오는 파동이 생각보다 크다는 것을 알게 되었다. 직장 상사가 1년에 한 번뿐인 내 생일을 챙겨준 것은 쉬운 일도 아니고 같은 팀이라고 해서 굳이 생일을 챙길 이유는 없다. 이는 지나가는 대화 중에 우연히 알게 된 생일 날짜를 기억하고 체크해 놓지 않으면 힘든 일이다. 또한 사람들에게 이를 알리고 생일을 맞이한 사람의 취향을 고려해 케이크까지 준비했다는 것은 시간과 비용과 노력이 들어가며 동시에 관심을 가지고 마음을 쓰는 일이다.

문득 대학교 때 친구들이 나를 계속 '무심이'라고 부르며 주변 사람들에게 관심이 없다고 했던 말이 떠올랐다. 생각해 보니 가끔 친구들에게 전화를 걸어 안부를 묻는 것이 내가 보인 관심의 전부였고, 지금껏 살면서 친한 친구의 생일 한번 제대로 챙겨본 적이 없었다. 그동안 무슨 근거로 내가 왜 무심이냐며 억울함을 호소했을까. '무심이'라고 놀리는 친구들의 말을 애써 무시하며 나는 주변을 잘 챙기는 사람이라는 착각 속에 빠져 살았다.

나의 과거를 돌아보니 나는 영락없는 무심이었다. 최근까지 부모님 생신이 언제인지 정확히 몰랐고, 멀리 떨어져 살면서 걱정하실 부모님에게 어버이날 말고는 안부 전화조차 제대로 드린 적도 없었다. 특히 아버지한테는 더욱 그랬다. 친구나 직장 동료의 안색이 좋지 않으면 궁금해하거나 안부를 묻지 않고 '그냥 오늘 좀 피곤한가 보다'라며 지나쳤다. 만나고 있는 이성이 갑자기 울음을 터트리면 갑자기 왜 그러냐며 퉁명스럽게 물어보는 게 먼저였고, 멀뚱멀뚱 상대방의 얼굴만 쳐다보기 일쑤였다. 아프다고 하면 약을 빨리 사 먹으라며 문제 해결에 집중한 말만 했다. 기념일을 살뜰히 챙기는 것은 고사하고, 오랜 관계를 맺어온 주변 지인들에게 제대로 된 선물을 준 훈훈한 기억도 없다. 그렇다. 나는 무심이가 맞았다.

일로 만난 사이일 뿐인 직장 상사가 챙겨준 생일파티는 한없이 무심하고 무미건조하게 살아온 나의 과거를 돌아보는 계기가 되었다. 그 일을 계기로 나는 조금씩 변하기 시작했다. 부모님의 생신을 메모해 놓고 생신이 다가오면 용기 내어 따뜻한 안부 인사를 전했다. 친구나 직장동료들의 생일에는 아무리 바빠도 진심을 담은 문자를 챙겨 보냈고, 작은 선물로나마 마음을 표현했다. 화이트데이나 빼빼로 데이처럼 잘 알려진 기념일에는 소소하게나마 그 기념일에 맞는 간식거리를 준비해 동료들이나 친한 지인들에게 먼저 내밀었다. 동료들은 유진명 씨가 이런 걸 챙기다니, 살다 살다 별일이 다 있다고 말하면서도 내심 기뻐하는 눈치였다.

내가 먼저 나와 관계를 맺고 있는 사람들에게 조금이나마 관심을 보이자 상대방이 좋아하는 것도 있었지만, 무엇보다 챙기는 내 마음이 더 흡족했다. 이 일로 인해 서로가 좀 더 가까워진 느낌이 들었다. 업무로 인한 대화가 아니고서는 딱히 이야기를 나눌 기회가 없는 사람들과도 좀 더 공감할 수 있는 대화를 나눌 수 있었다.

이렇게 사람들과 한 걸음 가까워지자 어렵거나 어색했던 관계도 그 전보다 수월하게 소통할 수 있었고, 업무상 요청을 하거나 의사소통을 하는 과정도 훨씬 쉬워졌다. 물론 생일이나 기념일을 챙기는 것만이 관심의 전부는 아니겠지만, 작은 사탕과 달콤한 빼빼로 한 봉지가 전하는 힘은 생각보다 컸다.

가토 다이조는 《나는 왜 소통이 어려운가》에서 "소통할 줄 모르는 사람의 가장 큰 문제는 타인에 대한 무관심이다"라고 했다. 무관심은 소통을 가로막는 최대의 적인 셈이다. 소통 공부를 시작하고 나서 과거를 성찰해보니 친구들이 나를 '무심이'라고 놀렸던 것은 바로 다른 사람에게 관심이 없어 보이고 표현하지 않는 모습 때문이었다. 속으로 걱정하거나 신경을 쓰고 있다고 하더라도 겉으로 드러내거나 표현하지 않으면 상대는 나의 의도와 진심을 알 수 없다. 상대에게 관심을 가지는 만큼 상대방의 기분이나 심리를 더욱 잘 파악할 수 있고, 그에 맞는 반응을 적절히 할 수 있다. 내가 관심을 표현하고 드러내는 만큼 상대도 열린 마음으로 나에게 더 가까이 다가올 수 있다. 관심의 크기만큼 소통의 온도가 높아지는 것이다.

나는 다행히도 '무심이'라는 꼬리표를 떼고, 가족들, 친구나 지인들, 직장동료들에게 '친근한' 사람이 되었다. 적절한 타이밍에 진심이 담긴 말이나 안부를 챙기는 조금은 '사려 깊은' 사람이 되었다. 혹자는 내 한 몸 챙기기도 바쁜 세상에 상대에게 관심을 줄 여유가 어디 있느냐고 할지도 모르겠다. 물론 나 역시 그런 생각을 한 적도 있고, 그런 시기도 있었다. 하지만 사회생활을 하다 보면 불가피하게 많은 사람을 만나게 된다. 만나는 사람이 많아짐에 따라 소통을 해야 하는 경우의 수도 많아진다. 피할 수 없으면 즐기라는 말이 있다. 어차피 관계를 맺고 그 관계를 이어나가야 하는 다양한 사람들을 피할 수 없다면, 함께 더불어 살아가야 할 그들과 조금 더 유쾌하고 활기찬 관계가 될 수 있다면 어떨까? 작은 관심과 소소한 표현이 쌓이면 중요하고 필요한 순간에 그 관심과 표현이 부메랑처럼 돌아오기도 한다.

인간은 누구나 타인의 관심과 사랑을 받고 싶어 한다. 작은 관심이 생각지도 못한 위대한 결과의 씨앗이 될 수 있다. '무심이'였던 내가 예상치 못했던 생크림 케이크를 선물로 받고, 많은 변화를 이루었듯이 말이다.

2장

나와 타인을
받아들일
용기

"사랑이란 자신과 다른 식으로 느끼며 다르게
살아가는 사람을 이해하고 기뻐하는 것이다. 자
신과 닮은 사람을 사랑하는 것이 아니라 자신
과는 대립하여 사는 사람에게 기쁨의 다리를
건너는 것이 사랑이다. 차이를 부정하는 것이
아니라 그 차이를 사랑하는 것이다."

_니체

소통, 도대체 어떻게 해야 할까?
모든 일이 우리의 바람과는 다르게 흘러가는 경우가 더 많다.

소통, 도대체 어떻게 해야 할까? 이 질문은 하기는 쉬워도 대답이 선뜻 나오지 않는다. 무언가를 시작할 때 다양한 선택지가 있는 것처럼 소통하는 방법도 수없이 많기 때문이다. 마치 눈앞에 놓인 매력적인 수많은 주식 종목들 중에서 딱 하나만 골라야 하는 것처럼 힘들다. 나 또한 무엇을 어떻게 시작해야 할지 막막했었다. 고민을 거듭한 끝에 처음부터 모든 답을 정하려고 하지 말고, 하나씩 천천히 알아가야겠다는 생각이 들었다. 그래서 내린 결론은 제일 먼저 나를 알아가는 것으로 소통의 시작점을 잡는 것이었다.

현대사회는 끊임없이 소통하기를 요구하는 시대이다. 우리는 가정, 직장, 책, 미디어 등에서 소통이라는 말을 알게 모르게 많이 접하고 있다. 우리 스스로는 사회에서 인정받고 뒤처지지 않기 위해 소통을 잘하기를 원하고, 타인에게도 나와의 관계에서 소통을 잘해주길 바란다. 하지만 모든 일이 내 마음 같지 않듯 우리의 바람과는 다른 상황이 자주 펼쳐진다.

"나도 내 마음을 잘 모르겠어!"
"아내(남편)와 대화가 안 통해!"
"이부장님은 왜 항상 쓸데없는 일을 시키는지 도무지 이해할 수 없어!"

일상적으로 많이 내뱉고 있는 표현들이다. 모두 다른 대상을 향해있지만, 소통이 어려워서 힘들다는 공통된 외침이다. 기술의 발달로 우리는 스마트폰을 통해 매일 손안의 세상을 만난다. 다양한 사람들과 연결되고 소통할 수 있는 플랫폼은 계속 늘어나고 있다. 하지만 소통 수단이 빠르게 발전하는 만큼 우리는 소통을 잘하고 있는 걸까? 아쉽게도 전혀 그렇지 않다. 그렇다면 왜 우리는 여전히 소통이 어렵다고 아우성을 치고 있는 걸까? 바로 소통의 통찰력을 높일 수 있는 기초 공부를 하지 않았기 때문이다. 우리는 대체로 소통이 힘든 이유를 내가 아닌 상대방이나 외부 상황에서만 찾는다. 해답은 나 자신, 즉 내부에 있는데도 말이다.

나는 첫 번째 직장과 두 번째 직장에서 직장 상사와의 불통으로 수년간 인생의 몸살을 앓았다. 반복되는 위기를 겪으며 힘든 시간을 보냈지만, 이 시간은 나에게 고통만 주지 않았다. 다시 내 인생을 제대로 그려나갈 소통 지도를 알려주었는데, 바로 에니어그램을 통해 나 자신을 깊이 알게 된 것이었다. 어린 시절에 형성된 나의 성향과 행동 패턴을 파악하게 된 후로 많은 것이 달라졌다.

어린 시절, 아버지로 인해 많이 힘들어했던 어머니. 아버지의 분노는 가정의 평화를 수시로 위태롭게 만들었고, 나는 힘들어하는 어머니를 보고도 그저 참을 수밖에 없었다. 이러한 집안 환경은 분노와 부정적인 감정을 표출하지 못하는 성향으로 만들었고, 억눌러진 감정은 결국 잘못된 방법으로 표출되었다. 바로 '수동 공격적 행동'으로 말이다.

'수동 공격적 행동'은 나도 모르게 상사를 무시하는 발언을 하게 만들었고, 상사의 지시를 자주 잊는 등의 방법으로 나타났다. 상사는 본인의 지시를 어기다 못해 대답을 제대로 하지 않고 자신을 무시하는 부하 직원이 달갑지 않았을 것이다. 당연히 상사는 나에게 자주 화를 냈고, 별일 아닌 일에도 자꾸 트집을 잡았다.

그 당시 나는 상사가 화가 많은 사람이라고 여겼을 뿐, 내가 그의 행동을 유발했을 것이라고는 전혀 생각하지 못했다. 갈등 원인을 내가 아닌 상사에게만 찾았기 때문이다. 하지만 에니어그램을 통해 '수동 공격적 행동' 패턴이 나에게 있음을 알게 된 후부터 나는 상사에게 말조심을 했고, 최대한 예의를 갖추려고 노력했다. 상사의 사소한 지시라도 수첩에 적어 잊지 않으려고 했다. 이런 나의 노력은 곧바로 효과를 나타냈다. 그는 예전과 다르게 내 의견에 조금씩 귀를 기울여주었고, 이전보다 침착하게 말하고 행동했다.

완전히 달라진 상사와의 관계. 상사와의 소통이 편안해지자 모든 것이 안정되었다. 상사와 나는 적당한 거리를 유지하면서도 서로를 존중하기 시작했다. 이게 가능한 일이었다니. 놀라지 않을 수 없었다. 불통의 이유를 알게 되었기에 그저 마음가짐과 태도를 바꿨을 뿐인데, 상대가 전혀 다른 모습으로 바뀌었다. 심지어 내가 그토록 바라고 원하던 모습으로 말이다.

에니어그램을 통해 내가 아버지처럼 권위적인 성향의 사람에게 은연중에 '수동 공격적 행동'을 한다는 것을 알게 되었다. 이 사실을 인지하는 것만으로도 나를 돌아보고 행동의 인과관계를 파악하는 데 있어서 큰 도움이 되었다. 나는 즉시 나의 무의식적인 행동 패턴을 파악했고, 잘못된 행동을 개선하려는 노력을 시작했다. 그러자 그동안 나를 힘들게 했던 상사의 행동과 마치 데자뷔처럼 반복되던 불통 상황이 점차 줄었다. 상사와의 관계가 개선되었고, 업무 효율도 높아지면서 직장생활이 훨씬 수월해졌다.

회사에서 미래전략을 세울 때 반드시 거쳐야 하는 첫 단계가 있다. 바로 기업의 내부 환경과 외부 환경을 분석하여 강점, 약점, 기회, 위협요인을 규정하고 이를 토대로 경영전략을 수립하는 SWOT 분석이다. SWOT 분석을 통해 강점은 강화하고 약점을 보완하며, 기회는 활용하고, 위협은 억제하는 미래전략을 세울 수 있다.

그래서 SWOT 분석은 기업의 미래전략을 세우기 위한 마중물이다. 회사가 미래전략을 세우듯 소통에도 그에 맞는 전략을 세워야 한다. 회사의 미래전략을 세우기 위해서 반드시 선행되어야 하는 것이 SWOT 분석이라면, 소통에서의 SWOT 분석은 '나를 잘 아는 것'이다.

자신을 잘 알기 위해서는 가장 먼저 자신의 가정환경과 성장 과정을 살펴봐야 한다. 어린 시절에 부모와 맺었던 관계와 소통방식은 성인이 되어서도 지대한 영향을 미친다. 나처럼 에니어그램과 같은 성격유형 검사를 받아보고, 자신의 장단점을 파악하는 것도 하나의 방법이다. 그리고 내가 어떤 상황에서 어떤 감정을 느끼는지 글로 써보거나 내가 진정 무엇을 원하는지 스스로 대화하는 것도 도움이 된다.

자신과 먼저 소통하며 나도 몰랐던 내 모습을 하나씩 알아가는 과정이 필요하다. 겉으로 드러나는 자신의 행동이나 상황에 대한 반응에만 집중하는 것이 아니라 왜 그렇게 말하고 행동했는지, 그때의 내 감정과 마음이 어떠했는지를 더 깊게 들여다보고 헤아려보는 것이다. 자신과 소통이 원활해지면 타인을 이해하고자 하는 의지와 타인의 입장을 헤아릴 수 있는 여유가 생긴다. 자신과 좋은 관계를 유지할 수 있을 때 타인과의 소통에도 좋은 영향을 미칠 수 있다.

수많은 자기계발서가 존재하지만, 그 책에서 말한 대로 똑같이 행동한다고 모두가 성공하는 것은 아니다. 사람마다 능력, 환경, 성격, 조건 등이 모두 다르기 때문에 모든 사람에게 천편일률적인 자기 계발법이 다양한 상황에서 모두 통할 리 없다. 내게 어울리지 않는 옷이 다른 사람들에게는 잘 어울릴 수 있고, 자신과 궁합이 맞는 사람이 다른 사람과는 전혀 맞지 않을 수 있다. 각자 본인에게 어울리는 옷, 맞는 사람, 적합한 방법 등이 존재한다. 소통 공부를 도대체 어디서부터 어떻게 시작해야 할지 고민된다면 먼저 자신에게 관심을 가지고 자신을 알아가는 것부터 시작해보자. 나의 강점은 소통의 역량을 증폭시킬 전략에 잘 활용하고, 나의 약점은 조금씩 보완해나가는 연습을 하면 된다. 시작이 반인 것처럼 나를 알아가는 여정이 내게 적합한 소통 방법을 찾는 지름길이다. 나를 잘 아는 것이 소통의 가장 좋은 시작이다.

당신은 생각보다 자기 자신을 모른다
외면하고 싶은 자신의 모습과 상처에 직면하는 용기가 필요하다.

2018년 가을쯤이었다. 나는 무난하고 안정적인 일상을 보내고 있었다. 때때로 무료함까지 느껴지는 잔잔하고 평온한 하루였다. 하지만 이렇다 할 사건과 계기도 없는데 이상하리만큼 막연한 불안감이 들었다. 무언가 변화가 필요하다고 생각했다. 그러던 어느 날 감명 깊게 읽은 책을 계기로 저자가 운영하는 네이버 카페를 가입하게 되었다. 일대일 컨설팅으로 그녀를 만나게 되었고, 코칭 커리큘럼 중에 꿈, 비전, 소명을 드림리스트, 비전선언문, 소명선언문으로 문서화하고, 드림보드로 시각화하는 프로그램을 접하게 되었다.

일대일 코칭을 받고, 순차적으로 이루어지는 미션을 수행하며 나는 의외로 나를 모르고 있었다는 생각이 들었다. 30가지의 드림리스트를 작성하며 시간적, 경제적 자유를 이루고픈 의지와 열망이 크다는 것에 놀랐다. 원래 배우는 것을 좋아하고 평소 자기계발에도 관심이 많았지만, 30가지의 항목을 추리기가 힘들 정도일 줄은 꿈에도 몰랐다.

나의 과거, 현재, 미래를 생각해보는 시간을 가지며 하나씩 채워나갔던 드림리스트는 그저 이루고 싶은 막연한 꿈의 목록이 아니었다. 내가 진정으로 무엇을 원하고 있고, 어떤 방향으로 가고 싶은지를 알 수 있는 마음의 지도였고, 현재 무엇이 결핍되어 있고, 무엇을 고민하고 있는지 알 수 있는 내면의 거울이었다. 나도 몰랐던 내무의식의 흐름이 직접 글로 채운 리스트에 오롯이 담겼다.

나는 그동안 다양한 성격검사도 해보았고, 전문가에게 심리 상담을 받아본 경험도 있었다. 자기 탐구적인 면모가 있었기에 나 자신이 대략 어떤 사람인지 잘 알고 있다고 생각했다. 하지만 이루고 싶은 것, 가지고 싶은 것 등을 30가지 리스트로 정리한 후 내가 평소에 생각했던 나와 글 속의 내가 정확히 일치하지 않는 것을 알았다. 이를 계기로 나는 정형화되지 않은 내 안의 다양한 나를 새롭게 만날 수 있었다.

코칭 프로그램을 들어가기 전에 진행되었던 컨설팅이 떠오른다. 약 2시간 정도의 면담을 했다. 그 중 살면서 크게 힘든 적이 없었다는 내 말을 들은 그녀는 조금 의아하다는 표정을 지었다. 그때는 잘 몰랐지만 시간이 지나고 보니 알 것 같다. 왜 그녀가 조금은 솔직해져도 된다고 했는지 말이다. 마음속 깊이 숨겨둔 복잡한 감정과 나약한 자신을 감추려는 모습은 누구에게나 있다. 나 또한 그 누구에게도 솔직한 내 이야기를 털어놓은 적이 없었다. 아마도 나는 그녀에게 겉도는 이야기를 했을 것이다. 많은 이들의 이야기를 경청하고, 상대방의 고민을 풀어주는 전문가인 그녀는 괜찮은 척, 힘들지 않았던 척하는 내 모습을 일찌감치 알아차리고 있었을 것이다.

어릴 적부터 만취한 아버지가 술주정할 때마다 온 가족이 눈치를 보고 위축될 수밖에 없었다. 불같이 화를 내던 아버지에게 어머니는 내색도 못 하고 속앓이만 하셨다. 그런 어머니를 지켜볼 수밖에 없었던 나는 어머니가 행여나 잘못되시진 않을까 걱정했다. 힘들어서 어머니가 언제라도 훌쩍 떠나실까 늘 불안했다. 어머니는 원인 모를 속병으로 오랫동안 아프셨다. 나는 그 원인이 아버지라고 생각했다. 어머니를 힘들게 하는 아버지가 싫었다. 그렇게 나의 어린 시절은 한시도 마음 편할 날 없이 불안하고 초조했다.

지금까지 살아오면서 힘든 시기가 있었냐는 그녀의 질문에 나는 문득 내 어린 시절이 떠올랐지만 별 탈 없이 평범하게 살아왔다고 담담히 말했다. 그때까지만 해도 살면서 그 정도의 아픔과 상처 정도는 큰일이 아니라고 생각했다. 그리고 직장에서는 어땠냐는 그녀의 질문에 나는 이미 그 고통스러웠던 시간을 잊은 것처럼 전반적으로 괜찮았다고 말했다. 결혼생활에 관한 질문도 마찬가지였다. 그녀는 나에게 말했다.

"사람들은 생각보다 자신을 잘 몰라요, 물론 알고도 말하지 않을 수 있고요, 저도 그랬던 적이 있습니다. 하지만 모든 걸 괜찮았다고 말하며 지나간다고 해서 진짜 괜찮아지는 건 아니에요.

유진명님은 자신과 소통하며 스스로를 알아가는 시간이 필요하신 것 같아요."

그 당시에는 그녀의 말이 다소 의아했지만 시간이 지날수록 그녀가 한 말의 의미를 알게 되었다. 맞다. 나는 그녀의 말대로 모든 것이 괜찮다며 어린 시절의 상처와 내면의 결핍을 회피하고 있었다. 잘살고 있다고 생각했지만 잠시 이러저러한 이유로 아물지 않은 상처를 그저 덮어둔 것이었다. 분명히 나의 내면에는 해소되지 못한 감정과 풀지 못한 마음의 응어리가 있었다.

에니어그램(인간의 성격을 9가지 유형으로 구분한 검사 도구) 공부를 시작했다. 그동안 보이지 않았던 내 행동 패턴들이 보였다. 예를 들면 화를 내지 않는 것, 나의 의견은 말하지 않고 남의 의견에 무조건 동조한 것, 다른 사람들에게 지나치게 친절한 것 등은 진정한 나의 모습이 아니었다. 다른 사람과의 갈등과 감정적인 마찰이 두려워 생겨난 방어적인 모습이었다. 나는 타인과의 충돌을 강박적으로 싫어했다. 그래서 나보다 타인의 요구와 문제에 더 매진했던 것 같다. 내가 진정으로 원하는 것에 제대로 관심을 두지 않았고, 솔직한 나의 속마음이 무엇인지 들여다보지 않았다. 내가 아닌 상대방에게 항상 초점을 맞췄고, 문제를 일으키지 않기 위해 지나치게 많은 신경을 쓰며 살아왔다.

에니어그램 공부를 하면서 항상 타인과의 갈등이나 직장에서 문제를 일으키지 않으려고 애썼던 나의 모습이 우리 가족을 위태롭게 했던 아버지에게서 비롯되었다는 것을 알게 되었다. 이처럼 에니어그램을 공부하게 되면서 나는 깊은 방어벽 속에 갇혀있는 나를 만날 수 있었다. 무의식적으로 외면하거나 애써 억눌렀던 나의 모습들, 자기방어적인 모습에 숨겨진 진짜 속마음과 소리치고 싶었던 진심, 남이 나를 좋지 않게 생각할까 봐 아닌 척, 괜찮은 척했던 모습들 등등 하나씩 베일을 벗겨내며 웅크려있던 나 자신에게 조금씩 다가갔다.

지금까지 내가 알고 있던 나의 정체성을 다시 성찰하는 시간을 가졌다. 가짜 감정에 숨겨진 나의 진짜 감정에 관심을 가지기 시작했고, 표면적으로 드러난 나의 말과 행동에 가려진 속마음을 가만히 들여다보는 시간도 가졌다. 그 후 나를 있는 그대로 바라보고 인정하자 사람들과 소통도 한결 편해졌다.

우리는 외면하고 싶은 자신의 모습에 직면하는 용기가 필요하고, 나의 상처를 껴안고 자신을 알아가는 시간이 필요하다. 타인이 보는 내 모습과 스스로 인식하는 자신의 모습에 큰 차이가 있다면 소통 공부를 해야 한다. 그리고 한번쯤은 내가 진짜 바라고 원하는 것이 무엇인지 직접 글로 써보자. 이를 통해 자신이 가진 트라우마에 관한 정확한 인식이 있을 때 상대의 말이나 행동을 오해하지 않을 수 있고, 갈등상황을 좀 더 유연하게 바라볼 수 있다.

갇힌 게 아니다, 스스로 가둔 것이다

생각을 바꾸면 트라우마도 나를 성장시키는 기회로 작용할 수도 있다.

1998년 제70회 아카데미상 9개 부문 후보에 올라 각본상과 남우조연상을 받은 명작으로 평가받는 미국 영화 〈굿 윌 헌팅〉. 영화 속 주인공인 윌은 보스턴 빈민가에 거주하면서 MIT(매사추세츠공과대학)에서 청소부로 일하는 인물이다. 윌은 천재적인 두뇌를 가졌지만 보육원에서 자랐다. 어린 시절 가정학대로 인해 형성된 '경계성 인격 장애(자아상, 대인관계, 정서가 불안정하고 충동적인 특징을 갖는 성격장애)'로 마음의 문을 닫고 반항아로 자포자기한 삶을 살았다. 하지만 윌은 심리학 교수 숀을 만나면서부터 닫힌 마음을 점점 열기 시작한다.

〈굿 윌 헌팅〉에서 가장 기억에 남는 장면을 하나 뽑는다면 윌이 사랑하는 여자 친구 스카일라를 떠나보내는 장면이다. 스카일라는 의대 공부를 위해 캘리포니아로 같이 가자고 윌에게 제안했다. 하지만 월은 어린 시절에 부모에게 버림받아 고아가 된 트라우마에 갇혀 여자 친구의 사랑을 온전히 받아들이지 못한다. 결국 그는 부모가 자신을 버린 것처럼 그녀에게도 버림받을 것이라는 두려움에 사로잡혀, 그녀를 사랑하지 않는다는 거짓말로 캘리포니아로 같이 떠나자는 여자 친구의 제안을 거절하고 만다. 그렇게 자신의 진심과는 다른 행동으로 여자 친구를 떠나보낸다.

사람들은 누구나 말 못 할 사연 하나쯤은 가지고 있다. 월처럼 과거의 아픈 상처는 때때로 현재의 소중한 것을 보지 못하게 하고, 밝은 미래로 나아갈 수 있는 기회를 놓치게도 한다. 이처럼 우리는 상처를 드러내고 치유하기보단 감추려고 애를 쓰는 경우가 많다. 때로는 상처가 있는지조차 깨닫지 못하고 살아가는 사람들도 많다.

상처를 치유하려면 상처를 있는 그대로 받아들여야 하는 상황에 직면한다. 아팠던 기억을 상기시키며 하나씩 객관화하는 과정은 쉽지 않다. 때로는 고통스럽기도 하다. 또 상처받을까 하는 불안한 마음은 아직 일어나지도 않은 일에 대한 두려움도 키운다. 그래서 대부분은 상처를 회피하거나 드러내지 않는 쪽을 선택한다. 여자 친구를 사랑하지만 떠나보낼 수밖에 없었던 월처럼 말이다.

세상에 혼자 남겨진 월에 비할 바는 아니지만 나 역시 어린 시절에 깊이 각인된 아픈 상처가 있다. 아버지는 매일 밤 술을 드시고 집에 들어오셨다. 술을 드시지 않은 아버지는 다른 여느 아버지처럼 과묵하고 조용하셨다. 하지만 술을 마시고 집에 들어오시는 날이면 평소 점잖으셨던 모습과는 다르게 180도 돌변하셨다.

아버지는 큰소리를 지르며 집안을 아수라장으로 만드셨다. 아는 사람에게 수십 통의 전화를 걸었고, 계속 똑같은 말을 반복하며 술주정을 하셨다. 아버지의 술주정을 말릴 사람은 아무도 없었다. 할아버지도 술만 들어가면 전혀 통제되지 않는 아버지를 선뜻 말리지 못하셨다. 나와 어머니는 그렇게 몇 시간이고 아버지가 제풀에 꺾여 잠이 드실 때까지 전전긍긍하며 고통의 밤을 보냈다. 주변 사람들에게 전화를 걸어 술주정하는 수십 통의 통화가 끝나면 아버지는 뒤척이며 자고 있는 어머니에게 일어나라며 버럭 화를 내는 일이 다반사였다. 어린 시절의 나는 갑자기 화를 내고 소리를 지르는 아버지를 정말 무서워했다. 흥분한 아버지에게 아무 말도 하지 못했지만, 구석에 웅크리고 계신 어머니가 혹여나 잘못될까 나는 한시도 어머니의 곁을 떠나지 않았다. 어린 나이에도 어머니를 보호해야겠다는 생각밖에 없었다.

'나는 아버지처럼 화를 내지 말아야지!'
'나는 아버지처럼 소리를 지르지 말아야지!'
'나는 아버지처럼 술을 마시지 말아야지!'

마음속으로 수백 번도 더 했던 다짐은 결국 나를 '화내지 않는 사람', '큰소리 내지 않는 사람', '실수하지 않으려고 욕구를 억누르는 사람', '감정과 의사 표현이 힘든 사람'으로 만들었다. 주변 사람들은 나를 조용하고 얌전한, 착하고 예의 바른 성격이라고 말한다. 대인관계가 친구나 가족들 정도였던 어린 시절과 학창 시절은 크게 문제 될 것이 없었다. 하지만 타인과의 관계가 확장된 사회생활을 하면서부터는 상황이 달라졌다.

취업 후 회사에 들어가자 지금까지 만나왔던 사람들보다 훨씬 다양한 사람들을 만나게 되었고, 내 성향에 대한 문제점이 보이기 시작했다. 안타깝게도 나는 첫 직장에서부터 화를 잘 내고 소리를 마구 질러대는 아버지와 비슷한 성향의 상사를 만났다. 그 순간 상처받은 내면아이의 스위치가 켜졌고, 아버지를 피하고 거부했던 것처럼 나의 무의식은 상사와 아버지를 동일시했다. 상사의 작은 말부터 행동까지 모든 게 거슬리고 싫었던 나는 상사의 지시를 거부했다.

어릴 때부터 아버지처럼 화를 내지 않을 것이라는 다짐이 반복되었기 때문일까. 나는 언제부터인가 모르게 화가 나거나 짜증이 치밀어 올라도 속으로 참는 게 당연했다. 욱하는 감정을 애써 누르는 게 습관이 되어버렸다. 심지어 남이 봤을 때 당연히 화를 낼 수밖에 없는 부당한 일을 겪고도 나는 화를 내야 하는 상황인지조차 인지하지 못했다. 어떨 때는 내 마음속에 '화'라는 감정이 존재하긴 하는지 의심이 들 정도였다.

어느 날은 회사에서 부당한 일을 겪었을 때 화를 내지 않았던 나에게 상사가 "나는 화가 나 미치겠는데, 너는 이 상황이 아무렇지도 않냐?"라며 핀잔 섞인 말을 던졌다. 화를 낼 수밖에 없는 상황임에도 화를 내지 않는 나. 아니, 정확히 말하자면 화를 낼 수 없었던 나는 마치 물줄기가 막혀서 물이 나오지 않는 고장 난 수도꼭지 같았다.

화를 낼 수 없을 뿐만 아니라 기쁨이나 슬픔과 같은 감정표현을 하는데도 취약했다. 사람들은 나에게 속을 알 수 없는 사람이라고 말하거나 가끔은 무섭다고 뼈있는 농담을 하기도 했다. 상황에 맞게 감정을 드러내거나 명확한 의사 표현을 잘 하지 않다 보니, 가끔은 현 상황에 무관심하거나 책임감이 없는 사람처럼 비쳐 오해를 사기도 했다. 시간이 지날수록 사람들과의 관계에서 진심 어린 소통은 점점 더 어려워졌다.

〈굿 윌 헌팅〉의 주인공 윌과 나의 경우처럼 많은 사람들이 과거의 지속적인 상처 때문에 자신도 모르게 내재된 불안이나 두려움을 가지고 있을 것이다. 이런 트라우마는 선명한 시각적 이미지를 동반하기 때문에 장기 기억으로 저장되어 우리를 끊임없이 괴롭힌다. 트라우마를 극복하지 못하면 자신의 한계를 설정하게 되고, 끊임없는 자기방어를 하게 된다. 트라우마라는 감옥에 자신을 가둔 격이다. 하지만 역설적으로 트라우마는 우리를 성장시키는 기회로 작용할 수도 있다.

영국 캐임브리지 대학의 그린버그(David Greenberg) 박사는 〈아마존 메커니컬 터크〉를 통해 공감능력과 트라우마의 관계를 파악하기 위한 설문조사를 실시했다. 설문조사에서 사람들의 공감능력 지수를 측정한 후 어린 시절 가족이나 친구의 죽음, 부모의 이혼이나 신체적 폭력 등에 대한 경험이 있는지 물었다. 결과는 흥미롭게도 어린 시절에 트라우마를 경험한 사람들이 높은 공감능력을 가지고 있는 것으로 나타났다.

그린버그 박사의 연구에서 보여 주듯 트라우마를 가진 사람이 상처를 극복하는 데 성공한다면 공감능력이 높은 사람으로 성장할 수 있다. 상처가 있다고 계속 위축되어 있거나 트라우마라는 방에 갇혀 있을 필요는 없다. 오히려 그 아픈 경험을 바탕으로 더 많은 사람의 마음을 헤아리고 공감할 수 있도록 하면 된다.

월은 안타깝게도 자신을 트라우마에 꽁꽁 가두었다. 물론 내 경우도 마찬가지이다. 나는 어릴 적 트라우마를 극복하지 못했기에 인간관계가 힘들었다. 하지만 인생의 큰 위기를 겪으면서 매일 소통 공부를 하게 되었고, 스스로 갇혀있던 방에서 뚜벅뚜벅 걸어 나왔다. 내 상처를 극복하자 시련은 변형된 축복이 되었고, 나처럼 방에 스스로 갇힌 사람들을 작게나마 도울 새로운 기회가 되었다.

어느 누구도 우리를 방에 가두지 않았다. 방문을 굳게 잠가서 아예 나갈 수 없는 것도 아니다. 방이 있다는 건 비슷한 방을 가진 사람을 이해할 기회이다. 그 방은 자신을 가두는 공간이 아니라 누군가를 다독이거나 쉬게 할 공간이 될 수도 있다. 누구나 자신만의 방이 있고, 방이 어떤 모습으로 성장할지는 자신에게 달려있다. 부디 당신의 그 방이 외롭게 홀로 웅크리고 있는 방이 아니라 누군가를 따뜻하게 맞이할 수 있는 공간이길 바란다.

다른 누구보다 내 자신에게 솔직하기

때로는 과감하게 자신의 감정을 명확하게 표현하는 것이 필요하다.

대학교 2학년 여름방학 때 친한 친구와 함께 세무서에서 두 달간 직장체험을 할 기회가 있었다. 그해 여름은 다른 해에 비해 유난히도 더울 것이라는 일기 예보가 있었고, 식당 서빙, 마트 주차 안내 도우미와 같은 아르바이트만 하다가 시원한 에어컨이 나오는 사무실에서 용돈을 벌 수 있다고 생각하니 날아갈 듯이 기뻤다.

세무서 직장체험은 나와 내 친구만 했던 것이 아니라 다른 학교에서 온 친구들도 있었다. 그중에 유난히 내 눈에 들어온 여자애가 한 명 있었는데, 귀여운 외모를 가지고 있었다. 웃을 때 눈이 거의 감기며 눈매가 반달 모양인 사람이 나의 이상형이었는데, 그녀가 딱 그런 사람이었다.

그 당시 나는 대학교 2학년이었고, 그때까지 이성에게 제대로 된 고백조차 해보지 못했던 숙맥이었다. 좋아하는 마음이 커질수록 고민도 커졌다. 그녀에게 데이트 신청을 하고 싶었지만, 어디서부터 어떻게 해야 할지 도무지 용기가 나지 않았다. 나의 마음을 어떻게 전달해야 할지 몰라 애만 태웠다.

사랑은 숨길 수 없다고 했던가. 시간이 흐른 뒤 그녀를 향한 내 마음을 친구가 눈치챈 것 같았다. 친구는 말도 못 하고 끙끙대는 내가 바보 같아 보였는지, 어느 날 갑자기 그녀에게 유난히 살갑게 굴기 시작했다. 서로 스스럼없이 장난을 치는 모습에 나는 별안간 질투가 났고, 한편으로는 '내 마음을 알고도 저럴 수 있나?'라는 생각에 화가 났다. 마치 그녀를 좋아하는 나를 보란 듯이 놀리고 있다는 느낌마저 들었다. 웃고 있는 얼굴을 한 대 때려주고 싶을 정도였다.

내색할 수 없었던 속상한 마음은 어느새 걷잡을 수 없이 커졌다. 참았던 감정이 폭발했다. 항상 친구와 함께 이동하고 떨어지지 않았던 나는 일이 끝나자마자 친구를 내버려 둔 채 혼자 자취방으로 와버렸다. 갑자기 아무 말도 없이 불쑥 집에 가버린 내 모습에 친구에게서 영문을 모르겠다는 목소리로 전화가 걸려왔다. 나는 너무 화가 난 나머지 더 이상 보기 싫다며 절교를 선언해 버렸다. 당황한 친구는 한참 후 술을 진탕 마신 상태로 소주 한 병을 사 들고 자취방 문을 두드렸다. "야! 진명아! 대체 뭣 때문에 나한테 그러는데. 얘기 좀 해주라. 들어보기나 하자!" 친구는 답답해하며 제발 이유를 말해달라고 애원했다. 하지만 나는 끝끝내 친구에게 솔직하게 말하지 못했다. 서로 잔뜩 술에 취한 채 입고 있는 티셔츠가 찢어질 때까지 몸싸움을 벌이고 나서야 이 사건은 끝을 맺었다. 다행히 마음씨 넓은 친구 덕분에 지금까지 좋은 관계를 맺고 있지만, 치기 어린 청춘의 추억으로 삼기에 참 부끄럽고 민망한 일이다.

당시의 나는 행동만 앞섰을 뿐 감정표현이 서툴고 내 마음을 숨기는 데 급급했다. 그때의 나는 알량한 자존심과 꽁한 마음이 합쳐진 찌질한 소심남이었다. 만약에 친구에게 "내가 사실 걔를 좋아하고 있었는데, 네가 걔랑 잘 지내니까 질투가 났어"라고 솔직하게 말했더라면 어땠을까. 어쩌면 친구는 둘도 없는 내 편이 되어 그녀와 내가 친해질 수 있도록 적극적으로 도왔을지도 모른다. 적어도 달밤에 이유도 모른 채 몸싸움까지 벌이는 일은 없었을 것이다.

지금은 그 말 한마디 하는 게 뭐가 어렵다고 속마음을 친구에게 숨기며 속앓이를 했을까 하는 생각이 든다. 솔직하지 못했던 나로 인해 좋은 친구를 영영 잃을 뻔했다. 그녀에게 고백하고 싶었지만 고백할 수 없었던 답답함 때문에 친구에게 화풀이를 했을지도 모른다. 말을 걸 용기가 없는 내가 부끄러워 외부에서 원인을 찾고 싶었던 나약한 마음의 행동이었다.

감정을 숨기고 억누르다가 욱하는 감정 때문에 서로의 관계를 해치거나, 의도치 않은 오해로 좋은 관계가 단절되는 경우는 생각보다 많다. 때로는 과감하게 자신의 감정을 전제로 한 명확한 의사전달이 필요하다. 원활한 소통을 하는데 중요한 조건 중 하나는 '솔직함'이다. 솔직하게 이야기하면 대부분의 문제는 초반에 쉽게 해결할 수 있다. 처음부터 솔직하지 못했다면 계속 감추는 데 익숙해진다. 시간이 지날수록 조금씩 아닌 척, 괜찮은 척하는 솔직하지 못한 내가 된다. 괜찮은 척하는 모습은 오래 가지 못한다. 결국은 전혀 괜찮지 않은 결말이 될 가능성이 높다. 누군가에게 잘못을 했다면 잘못을 인정할 용기가, 누군가로 인해 기쁠 때는 너로 인해 기분이 좋다고 말할 수 있는 표현이, 누군가로 인해 화가 났을 때는 감정에 충실한 진심을 담아 말할 수 있어야 한다. 물론 상대와의 친밀도에 따라서 솔직함의 정도를 적당하게 조절해야 하고, 상대에게 표현하기 전 누구보다 스스로 솔직했는지를 자문해보아야 한다.

작년 추석에 가족들이 모여 즐겁게 시간을 보내던 중이었다. 아이들의 천진난만한 에너지를 좋아하는 나는 사촌 조카랑 공놀이를 재밌게 하고 있었다. 그렇게 한참을 조카와 공놀이에 빠져 있었는데, 조카의 남동생이 다가와 "누나! 나도 공 한 번만 던져보자"라고 말했다. 조카는 지금 자신이 집중하고 있는 상황을 방해하지 말라며 남동생에게 싫다고 단호하게 의사 표현을 했다. 남동생은 금세 시무룩해져서 울상이 되었다.

옆에서 지켜보던 고모가 조카에게 "던져보게 해줘. 누나가 동생한테 양보해야지"라고 말했고, 조카는 바로 "왜 양보해야 하는데요?"라고 말했다. 순간 당황한 고모가 잠시 망설이다가 다시 대답했다. "누나니깐 당연히 양보해야 하는 거야." 그러자 조카가 말했다. "그런 게 어디 있어요! 누나라고 계속 양보만 하면 제가 너무 불행하잖아요!"

순간 나도 고모도 솔직하고 명확하게 자신의 의사 표현을 하는 조카 앞에서 꿀 먹은 벙어리가 되었다. 조카의 당당함에 말문이 막혔지만, 속으로는 '그래 맞아! 네 말이 맞아!'라고 통쾌해했다. 장남이었던 나와 6남매 중 둘째였던 고모는 어릴 때부터 동생에게 무조건 양보해야 한다는 말을 들어왔다. 부모님에게 혼날까 봐 싫다는 의사 표현을 할 수 없었고, 솔직한 감정을 드러낼 수도 없었다. 나는 꾸역꾸역 참고 양보만 하며 살아왔는데 사촌 조카는 달랐다. 솔직하고 당당하게 의사 표현을 하는 조카를 보며 첫째이기에 감출 수밖에 없었던 설움이 시원하게 해소되는 것 같았다.

자신의 감정에 솔직한 사람들은 당당하고 멋있다. 오히려 직면하기 때문에 솔직함이 무기가 되는 남다른 소통력이 생긴다. 감정을 쌓아두고 억누르거나 참지 않으니 마음도 건강하다. 다행히도 좋아하는 여자애에게 말 한마디 못 걸던 숫기 없던 청년은 지금 누구보다 자신의 감정에 솔직한 사람이 되었다. 예기치 못한 인생의 허들을 넘으며 매일 소통 공부를 해온 덕분이다.

인식하고, 수용하고, 표현하는 연습

바꿀 수 없는 현실에 감정을 소비하는 것만큼 안타까운 일도 없다.

우리는 감정으로부터 자유로울 수 없다. 사람이라면 누구나 감정을 느끼고 표출하고 싶은 욕구가 있기 때문이다. 감정은 그림자처럼 늘 우리를 쫓아다닌다. 하루에도 수없이 기쁨, 슬픔, 우울함 등을 느낀다. 인간에게 감정을 느끼고 표현하는 것은 가장 자연스러운 모습이지만 동시에 가장 어려운 일인 것 같기도 하다.

대부분의 사람들은 TV나 영화관에서 영화를 볼 때 느끼는 감정은 스스럼없이 드러낸다. 내가 영화를 보면서 눈물을 흘린다거나 뉴스를 보면서 갑자기 화를 낸다고 해도 나의 행동에 크게 놀라거나 거부반응을 보일 사람이 없기 때문이다. 이처럼 사람이 아닌 어떤 대상으로부터 느끼는 감정은 다른 사람의 눈치를 볼 일도 없이 감정표현이 자연스럽게 이루어진다.

반면에 사람들과의 의사소통이나 관계에서 감정을 드러내기는 쉽지 않다. 물론 기쁨과 같은 긍정적인 감정은 각자의 성향에 맞게 표현할 수 있겠지만, 슬픔, 분노와 같은 감정표현은 자연스럽게 할 수 없다. 감정을 표현하기 전에 상대방이 느낄 수 있는 반응을 먼저 생각하기 때문이다. 그렇기에 상황에 이입된 감정과 다르게 말하거나 행동하는 경우가 많다. 감정을 자체 검열하는 필터링 과정을 거치는 것이다. '이 말을 하면 사람들이 나를 어떻게 볼까?', '이 사람과 나와의 관계가 멀어지는 것은 아닐까?' 하는 불안감이 엄습한다. 누구나 다른 사람들과 원만하고 좋은 관계를 맺고 싶기 때문이다. 영화나 드라마, 뉴스를 보며 감정에 충실한 말과 행동을 하는 것과 다르게 사람과의 관계에서 몸과 마음이 반응하는 감정을 드러내기란 결코 쉽지 않다.

분노는 나쁘거나 감추어야 하는 것이 아니다. 상황에 맞게 인식하고 수용할 수 있어야 하고, 어떤 식으로든 건강하게 배출될 수 있어야 한다. 분노라는 감정이 사람들과의 관계를 해친다고 생각하는, 바로 그 생각을 바꾸는 게 중요하다. 화를 내거나 감정을 드러낸다고 해서 모든 관계가 다시는 보지 않을 사이가 되는 것은 아니다. 관계에서 균열이 갈 수는 있지만 쉽게 깨지지 않는 경우도 많다. 상대가 화를 내거나 감정을 토로할 때 상황에 대한 나의 인식이 재정립될 수 있다. 감정을 털어놓았기에 관계가 다소 어색해지거나 잠깐 거리를 두기도 하겠지만, 오히려 그 사람의 입장을 알게 되기에 상황이 개선될 수도 있다. 그 과정을 극복한 관계는 더 단단해지고 끈끈해진다.

지금의 나는 부정적인 감정표현을 하게 되더라도 상대와의 관계가 더 멀어진다고 쉽게 단정하지 않는다. 또한 자신의 감정을 상대에게 표현할 때 많은 것들이 새로이 인식되고, 다르게 수용될 수 있음을 안다. 결과를 떠나 자신의 감정을 솔직하게 표현하는 행위 그 자체만으로도 큰 의미가 있다. 그래서 우리는 건강한 감정표현의 방식을 배우고 연습할 수 있어야 한다. 내 감정을 들여다볼 수 있으면서 좀 더 현명하게 감정을 표현할 수 있는 3단계를 알아보자.

첫째, 1단계는 '감정 인식하기'이다. 이 단계는 자신에게 어떤 감정이 올라오는지 느껴보는 단계로 감정을 억누르고 회피하는 사람들에게 많은 도움이 된다. 에베레스트 같은 높은 산에 올라갈 때 가장 중요한 것은 나의 몸 상태와 체력을 확인하는 일이다. 감정 인식하기도 이와 같다. 문제해결과 상황개선이라는 높은 산을 오르기 전에 나의 현 감정 상태와 정서 변화와 추이가 어떠했는지를 확인하는 단계가 필요하다.

우리의 감정은 현재 내가 어떤 생각을 하는지에 의해 많이 좌우된다. 소용돌이치는 감정으로 인해 부정적인 생각이 커지면 시야가 급격히 좁아진다. 불안이나 두려움으로 인해 심장박동수가 높아지거나 식은땀이 나는 등 몸에 즉각적인 반응이 일어나기도 한다. 내가 지금 어떤 생각을 하고 있는지, 몸에 어떤 반응이 일어나고 있는지를 알아채는 것이 필요하다.

둘째, 2단계는 '감정 수용하기'이다. 감정 수용하기는 분노라는 감정이 일어날 때 분노가 일어나고 있다고 인정하는 것이다. 이미 성인이 되어 다 커버린 키는 노력으로 바뀔 수 없다. 남들보다 키가 작다고 불평 불만해봤자 결국 나만 손해다. 빨리 그 사실을 인정하고 평소보다 키가 커 보일 수 있는 패션을 코디하거나 다이어트 등 자기관리를 하며 비율이 좋아 보일 수 있게 노력하는 것이 훨씬 효과적이다. 바뀔 수 없는 현실에 감정을 소비하는 것만큼 안타까운 일도 없다. 분노라는 감정을 나쁘다고만 생각해 억누르고 회피해봤자 결국 자신만 손해다. 감정을 감추거나 억누르는 데 익숙해지기 시작하면 중요한 상황이나 필요한 순간에 감정을 드러낼 수 없다. 또한 상대가 나의 감정을 눈치챌까 봐 신경을 쓰고 살아야 한다. 안 그래도 고달픈 인생이 더 피곤해진다.

셋째, 3단계는 '감정 표현하기'이다. 가장 효과적인 방법은 '나'로 시작하는 문장으로 감정을 표현하는 것이다. 예컨대, 위층 소음으로 잠을 잘 수가 없어 화가 난다면 "당신들 때문에 시끄러워서 잠을 잘 수가 없네요. 다들 자는 시간에 해도 해도 너무한 거 아닙니까? 조용히 좀 해주세요!"라고 상대방을 탓하고 명령하듯 말하는 것보다 "제가 내일 새벽에 일찍 출장을 가야 해서 지금 잠을 자야 합니다. 그런데 소음 때문에 잠을 잘 수가 없어서 화가 나네요!"라고 말하는 것이다. '너'보다는 '나'로 시작하는 문장을 사용하여 나의 현 상황과 감정을 전달하면 상대방을 비난하지 않으면서 자신의 감정도 풀 수 있다. 상대방도 미안한 마음이 들게 되면서 본인의 행동을 돌아볼 수 있게 된다. '나'로 시작하는 문장과 더불어 사실에 근거하여 구체적이고 솔직하게 의사표명을 하는 것이 중요하다.

여러 가지 이유로 나처럼 평소에 감정표현을 잘하지 못하는 분들이 많을 것이다. 감정을 인식하고, 수용하고, 표현하는 3단계만 잘 인지해도 상황은 훨씬 나아질 수 있다. 친구들이나 가족처럼 다소 편안한 관계에 있는 사람들에게 먼저 3단계 감정표현을 조금씩 적용해보는 것을 추천한다. 감정표현을 자연스럽게 잘하게 되면 일이나 사람들과의 관계에서 자신감이 생긴다. 또한 마땅히 화를 내야 할 때는 꼭 화를 표출해야 더 나은 방향으로 개선될 수 있다. '화'라는 에너지가 그 순간에 제대로 배출되지 않는다면 오히려 시간이 지날수록 더 큰 갈등을 만들 수 있다.

솔직한 감정을 표현할 수 있는 관계는 시간이 갈수록 유연하고 단단해진다. 평화를 위해 자신의 감정을 감춘다면 당장은 쉽고 편할 수 있으나 그 평화는 오래가지 못한다. 오래 지속될 수 있는 관계는 솔직한 감정표현으로 다져진 신뢰가 쌓여 서로의 마음이 열리게 되는 관계이다. 서로의 마음이 열리면 소통의 길도 넓어진다. 소통이 잘되면 관계가 좋아지고, 모든 일이 술술 풀린다. 자신의 감정을 잘 헤아리고, 표현을 잘하는 것만으로도 우리는 많은 것을 얻을 수 있다.

억지로 애쓰지 않되 최선을 다하기

일이든, 관계든 조금은 힘을 빼고 마음을 편하게 내려놓아야 한다.

새벽 6시. 아침을 알리는 휴대폰 알람 소리에 찌뿌둥한 몸을 힘들게 일으킨다. 계속 감기는 눈을 비벼가며 비몽사몽으로 스트레칭을 한다. 잠이 조금 깨면 책상에 앉아 책을 펴고 밑줄을 그어가면서 독서를 한다. 30분 정도 독서를 하고 난 후에 씻고 옷을 갈아입는다. 바나나와 주스 한잔으로 간단하게 아침 식사를 해결하고, 소파에 앉아 10분 정도 명상을 한다. 7시 10분이 되자마자 칼같이 아파트 엘리베이터를 타고 지하주차장으로 내려간다. 차에 시동을 걸고 회사로 향한다. 회사로 향하는 20분 동안 운전을 한다. 잔잔한 클래식 음악이 흘러나온다. 회사에 도착하자마자 컴퓨터를 켜고 이메일과 결제문서를 확인한다. 오늘 해야 할 일을 수첩에 하나씩 써 내려간다.

수첩에 적힌 목록을 하나씩 지워갈 때 성취감이 든다. 일을 뒤로 미루는 것을 싫어하기 때문에 수첩에 오늘 계획한 일을 다 지우지 못할 때면 초조해진다. 사무실에 가만히 앉아있지 못하는 성격 때문에 조금이라도 한가할 때면 움직이기 시작한다. 동료들과 잡담도 잘하지 않는 그의 유일한 쉬는 시간은 점심시간뿐이다. 회사 일을 마치고 퇴근해 집에 돌아오면 쉴 새 없이 더 바쁘다. 독서, 영어 공부, 글쓰기 등으로 자기계발에 임해야 하기 때문이다. 그렇게 하루하루를 빈틈없이 해야 할 일들로 꽉 채운다. 시간이 어찌나 빠른지 어느덧 저녁 12시가 되어 잠자리에 든다. 다음 날 아침이면 어제와 똑같이 해야 할 일들로 가득 찬 하루가 반복된다.

무한경쟁에 뒤처지지 않기 위해 회사 일도 열심히 해내야 하고, 앞날이 어찌 될지 몰라 자기계발도 놓을 수 없는 평범한 회사원의 반복된 일상. 이 일상의 주인공은 바로 나다. 나는 샐러던트(공부하는 직장인을 의미하는 신조어)이다. 어떤 사람들은 너무 기계적으로 반복되고 지루한 삶을 사는 것이 아니냐고 말한다. 또 다른 사람들은 어떻게 그렇게 부지런할 수 있냐며 열심히 사는 모습이 대단하다고 응원해 준다.

인생을 쉬거나 즐기지 못하고 발버둥을 치며 힘들게 산다고 나를 가엾게 보는 사람들이 많았다. 하지만 나는 하루하루를 열심히 살아가는 내가 자랑스러웠다. 사람들이 내 삶을 어떻게 판단하든 상관하지 않았다. 누구나 각자의 삶을 계획하며 살아갈 권리가 있다. 나의 삶은 틀린 것이 아니라 남들과 조금 다른 삶을 살아갈 뿐이었다. 무엇보다 내가 스스로 선택한 삶이다. 그랬던 내가 나를 알아가는 소통 공부를 시작한 후로 조금씩 변화가 생겼다. 내가 과연 나의 일상에서 진정으로 만족하고 있는지 의문이 생긴 것이다.

　'사실은 불안하고 초조한 마음에 많은 것을 붙잡고 놓지 않으려
　는 게 아닐까?'
　'열심히 살아가는 하루라는 프레임에 나를 맞춰놓고 매일 똑같
　이 반복하는 게 맞는 걸까?' '내가 원했던 삶이 이런 것일까?'

　쉼표 없이 해야 할 일로 가득 채워진 나의 하루는 때때로 부작용
을 불러온다. 계획한 일을 다 해내지 못하면 스스로를 비난하거나
자책하는 시간이 늘어갔다. 어쩌다 늦잠을 잔 날이면 "아~ 오늘 6
시에 일어나서 독서를 해야 했는데 못 했네!"라고 자책하며 일어난
다. 이렇게 시작하는 하루는 김빠진 맥주처럼 힘이 빠진다. 게다가
매사에 해내야 하는 일에 초점을 맞추기 때문에 온종일 긴장 상태
로 지낸다.

　평소보다 바빠지거나 뜻밖의 변수가 생기면 때로는 유연하게 상
황을 받아들이고 하나씩 해결해나가면 된다. 하지만 나는 완벽주
적인 성향을 놓지 못하고 누구의 도움도 없이 혼자서 해결하려 한
다. 그러다 보니 일이나 계획한 일정이 계속 밀릴 수밖에 없다. 그
럴 때 나는 마치 강박증에 걸린 것처럼 초조하고 불안하다. 평소 익
숙하게 잘 해내던 일도 마음이 급해져 오히려 실수하거나 놓치기도
한다. 애초에 계획대로 되지 않는 것이 인생인데, 꼼꼼하게 세워둔
계획에 내가 말리는 격이다. 하루쯤 정해진 시간에 일어나지 못한
다고 무슨 큰일이 일어나는 것도 아닌데 말이다. 하지만 나는 그럴

때마다 후회하고 자책하며 스스로를 몰아붙였다. 계획한 대로 행동하지 못했다고 끊임없이 자책하는 것은 자신에게 너무나 가혹한 일이다. 이는 우리가 알게 모르게 자주 범하는 자신을 사랑하지 않는 혹독한 태도 중에 하나다. 자신에 대한 후회와 자책이 조금씩 쌓이면 마음은 서서히 지쳐 간다. 어느 순간 마음이 파업을 선언할지도 모른다.

매일 보내는 하루와 반복되는 일상에만 한정되는 이야기가 아니다. 일이나 인간관계도 마찬가지였다. 마음과 감정이 힘들다는 신호를 보내는데도 애써 외면하며 극복해야만 하는 것으로 생각했다. 사람들이 부탁할 때마다 나를 위해 'No!'라고 거절하지 못했다. 지친 몸과 마음의 에너지를 쥐어 짜내며 모든 상황에 나를 맞추려고 노력했다. 다른 사람이 요청한 일을 해내느라 회사에 있는 시간의 절반을 쓰는 경우도 다반사였다. 분명 쉼 없이 잘 해내고 있는데도 해야 할 일의 목록이 줄지 않았다. 매일 새로운 일이 채워졌기 때문이다. 해야 할 일들이 끊임없이 넘쳐흘렀다. 어떤 날은 가슴이 꽉 막힌 듯 답답해서 숨이 잘 쉬어지지 않는 느낌마저 들었다.

사람들과 좋은 관계를 유지하려고 불편한 감정이 들 때도 억지로 'Yes!'라고 외쳤다. '착한 사람'의 가면을 쓰고 매 순간 괜찮은 척과 밝은 척을 했다. 잘하고 싶고, 인정받고 싶은 욕심에 이미 업무가 포화상태인데도, 공장장님이 해보라고 권유한 일을 덜컥해보겠다고 했다. 더구나 내 경력보다 난이도가 높은 업무였다. 도전하겠다는 용기는 훌륭했으나 결국 업무를 완료하지 못하고 포기했고, 그

업무는 외부 컨설팅 업체에 맡기기로 했다. 고생은 고생대로 하고, 팀장님한테는 싫은 소리를 들었다. 혼자서 처리하기에 힘든 업무란 걸 알고 있었음에도 거절하지 못한 것을 뼈저리게 후회했다. 이게 다 다른 사람들에게 인정받고 싶은 욕심 때문에 생긴 일이다.

물론 모든 경험은 소중하다. 이 경험이 나에게 또 다른 성장의 밑거름이 되었을 수도 있다. 하지만 모든 것이 버거운 상태라는 마음의 신호를 무시하고 덤벼들 만큼 현명한 선택은 아니었다. 새로운 일을 시도하는 도전정신은 필요하지만, 결정을 내리기 전에 내 마음과 현재 상황을 살피는 것이 우선순위가 되어야 했다. 내가 애쓴 만큼 사람들에게 인정을 받지 못하거나 사람들이 알아주지 않는다면 결국 실망하게 되기 때문이다. 심지어 상대를 원망하는 일마저 생긴다. 벼룩을 잡으려다가 초가삼간을 다 태운다는 말처럼, 매일 조금씩 '인정'이라는 벼룩을 잡으려고 애쓰다 모든 상황의 중심인 나라는 '집'이 무너질 수도 있다는 말이다.

원하는 대로 되지 않는 인생처럼 소통도 내가 중심이 되지 않은 채 억지로 애쓰기만 한다면 부작용이 생긴다. 우리는 종종 말이 통하지 않는 사람을 만나게 된다. 그리고 그 사람을 설득하기 위해 많은 노력을 한다. 안타깝게도 그 노력의 결과가 해피엔딩만은 아니다. 상대와 끝까지 뜻이 맞지 않으면 갈등으로 이어지기도 하고, 때로는 답답한 감정에 휩싸여 상대를 비난하거나 논쟁을 벌이기도 한다. 이는 모든 일에 애쓰며 끊임없이 소모되고 있는 나의 하루와 다를 바 없다. 억지로 애쓸 일을 조금씩 줄여나가며 나를 사랑해보자. 일이든 관계든 반복되는 일상이든 조금은 힘을 빼고 마음을 편하게 내려놓자.

매일 소통 공부를 하면서 해야 할 일의 목록으로 가득했던 나의 하루가 조금은 가벼워졌다. 빈 여백이 생기자 마음의 여유도 찾아왔다. 힘을 주던 내가 힘을 빼니 상황을 바라보는 나의 시선이 산뜻하고 상쾌해졌다. 이처럼 우리의 일상과 인생이, 일과 관계가 조금씩 무거워질 때는 '주어진 상황에 최선을 다하되 억지로 애쓰지 말아야 한다'는 마음의 지침을 절대 잊지 말자.

소통의 열쇠는 내 자신에게 있다

내 생각이 모두 정답은 아닐 수 있다는 것에서 시작해야 한다.

2008년 칸 광고영화제 골드 수상작으로 만들어진 '자기인식테스트' 동영상이 있다. 동영상은 시작하자마자 "흰색 옷을 입은 팀이 몇 번의 패스를 할까?"라는 질문이 주어진다. 이어서 흰색 옷을 입은 사람과 검은색 옷을 입은 사람이 각각 4명씩 총 8명이 등장한다. 같은 옷을 입은 팀끼리 농구공을 패스하는 장면이 나오고, 패스가 끝나자 영상이 멈추고 질문에 대한 답이 주어진다.

그런데 이게 끝이 아니다. 곧이어 "문워킹(미끄러지듯 뒤로 걷는 걸음)을 하는 곰을 봤느냐?"는 새로운 질문이 주어진다. 그런 뒤 영상은 팀끼리 농구공을 패스하기 전의 장면으로 되감겨 다시 재생되고, 패스를 주고받는 사람들 사이로 곰 인형 탈을 쓴 사람이 문워킹을 하며 지나가는 모습을 볼 수 있다. '우리가 찾고자 하지 않는 것은 놓치기 쉽다'라는 자막이 나오면서 영상이 끝난다.

수년 전 교육으로 이 영상을 봤을 때, 나는 정신없이 농구공 패스 횟수만 세느라 문워킹하는 곰이 있으리라고 상상조차 하지 못했다. 곰을 봤냐는 질문이 던져졌을 때 곰은 분명히 없었다고 생각했다. 나뿐만 아니라 교육을 받던 대부분의 사람들도 당연히 곰은 없었다고 말했다. 하지만 영상이 다시 되돌려지면서 나와 사람들은 정말 문워킹하는 곰이 있었다는 것을 알고 크게 놀랐다. 분명히 모두 영상을 뚫어져라 집중해서 봤는데, 곰을 본 사람은 극히 적었다. 순간 무언가에 홀린 듯했던 신기한 경험이었다. 이 영상의 메시지는 '우리가 찾고자 하지 않는 것은 놓치기 쉽다'였는데, 반대로 '우리는 우리가 찾고자 하는 것만 보기 쉽다'라는 해석도 된다. 이 동영상으로 인해 '아! 우리는 정말 보고 싶은 것만 보는구나!', '내가 보는 것이 전부가 아니구나!'라는 사실을 깨달았다.

우리는 자신이 본 것, 들은 것, 경험한 것, 알고 있는 것만이 전부이고 옳은 것으로 생각하는 경우가 종종 있다. 이러한 착각 때문에 자신의 생각을 상대방에게 강요하기도 하고, 나와 다른 생각을 하는 상대를 폄하하기도 한다. 우리가 상대와 소통할 때 서로 상처를 주거나 갈등이 생기는 이유는 바로 여기에 있다.

처음에는 대부분의 사람들이 문워킹하는 곰이 분명히 없었다고 주장했다. 영상을 집중해서 보았던 자신의 시선과 판단을 믿은 것이다. 하지만 동영상을 돌려서 다시 보여주자 사람들의 주장과 달리 문워킹하는 곰이 있었다. 아니, 그 사실을 인지하고 난 후에야 보였다는 것이 정확하겠다. 우리는 당황했다. 각자의 눈을 의심해야 하는 상황이었기 때문이다. 나의 시선과 판단이 오류라는 것을 인정해야 했다. 하지만 너무도 당연하다고 믿었던 마음을 바로 내려놓는 것은 생각보다 쉽지 않은 것 같다. 동영상을 두세 번이나 되돌려보고서야 "맞네, 곰이 있었네!"라고 인정하는 사람들의 모습처럼 말이다.

그렇다면 한번 생각해보자. 소통도 이와 같지 않을까? 우리가 소통을 잘하기 위해서는 '내 생각이 모두 정답은 아닐 수 있다'라는 전제에서 시작해야 한다. '내가 본 것, 들은 것, 경험한 것, 아는 것이 사실이 아닐 수도 있다'라는 겸손한 마음가짐이 필요하다. 내 생각과 다른 사실을 기꺼이 받아들일 수 있는 수용하는 자세도 필요하다. 소통의 열쇠는 전적으로 나에게 달려있다. 누군가의 의견을 존중하고 다름을 인정해줄 때, 스스로 빨리 사실을 바로 잡고 실수나 잘못을 인정할 수 있을 때, 이 상황을 잘 마무리할 수 있도록 사과나 감사를 적극적으로 표현할 때, 우리는 진정한 소통의 고수가 될 수 있다.

내가 보는 것과 상대방이 보는 것이 같다는 생각은 빨리 내려놓을수록 좋다. 축구에는 오프사이드(같은 편에서 멀리 떨어져 적진 깊숙이 침투하는 것을 막기 위한 규칙)가 있고, 농구에는 트래블링(경기자가 공을 가진 채 세 걸음 이상 가는 경우를 막는 규칙)이 있다. 축구든 농구든 어떤 운동경기든 그 운동만의 고유한 규칙을 가지고 있다. 경기 규칙을 모르면 운동을 하는 데 많은 어려움이 따른다. 규칙을 모르면 운동에 금방 흥미를 잃을 뿐만 아니라 상대에게 의도치 않은 피해를 주게 되고 자신감마저 잃을 수 있다. 이와 마찬가지로 사람들도 저마다의 '세상을 바라보는 규칙', 즉 '프레임'이 있다는 것을 알아야 한다. 그렇지 않다면 소통에 자신감을 잃거나 많은 장애물을 만나게 될지도 모른다. 세상을 바라보는 프레임을 알게 된다면 소통력을 높이는 지름길이 될 것이고, 사람들과의 관계에서 자신감과 여유를 가질 수 있을 것이다. 다음의 3가지 프레임을 알아보자.

첫째, 개인 성향에 따라 세상을 다르게 대한다. 나는 사람들과의 관계에서 갈등을 싫어하고, 모든 사람들과 조화롭고 평화롭게 지내는 것을 원한다. 매사에 최대한 화를 내지 않고 원만하게 해결하려고 노력한다. 모든 현상을 바라볼 때 긍정적인 면이 먼저 눈에 들어오기 때문에 세상이 편안하고 살만하게 느껴진다.

반면에 성격이 급하고 예민해서 조금이라도 마음에 거슬리면 불같이 화를 내는 사람도 있다. 이런 사람들은 타인과 세상을 비판적이고 부정적으로 바라보기 때문에 매사에 경계심을 늦추지 않는다. 항상 긴장해 있다. 우리는 어릴 때부터 각자 고유의 개인 성향을 형성하며 성장한다. 타고난 기질과 자라오면서 장착된 성향에 따라 타인과 세상을 대하는 방식이 다르다. 그래서 소통할 때 상대의 성향을 이해하고 그것에 맞게 적절히 대처한다면 보다 더 효과적인 소통을 할 수 있다.

둘째, 사람들이 가지고 있는 관심 정보가 다르다. 세상에는 우리가 상상할 수 없을 만큼 많은 정보가 흘러넘친다. 정보의 홍수 속에서 각자가 관심이 있는 정보는 모두 다르다. 가족끼리 TV를 볼 때도 서로의 관심사가 달라 리모컨의 주도권을 놓고 다툼을 벌이기도 한다. 나는 축구광이라 좋아하는 축구 경기를 항상 빼놓지 않고 챙겨본다. 어느 날은 회사에 가서 "어제 토트넘과 맨체스터 유나이티드 축구 경기가 있었는데 손흥민이 멀티 골을 기록했다. 손흥민 볼 터치와 드리블이 EPL(영국 프리미어리그)에서 최고 수준이다."라고 열심히 동료들에게 설명했다. 잔뜩 흥분한 나와 다르게 동료들의 반응은 뜨뜻미지근했다. 그들은 축구에 일절 관심이 없기 때문이다. 나는 순간 머쓱해졌고, 상대 역시 내게 어떻게 리액션을 해줘야 할지 몰라 난처한 표정을 짓는다. 결국 대화가 지속하기 힘들어진다. 이렇듯 관심 있는 분야가 각자 다르기 때문에 상대가 무엇에 관심이 있는지를 충분히 알고 소통에 임하는 것이 중요하다.

셋째, 사물에 대한 해석이 다르다. 세계에서 스마트 폰의 양대 산맥을 이루고 있는 애플의 아이폰과 삼성의 갤럭시가 있다. 이 중에 나는 아이폰을 갤럭시보다 더 좋아한다. 보안이 잘 되어 있고, 고급스러운 디자인과 터치에 대한 반응도 자연스럽기 때문이다. 하지만 나와 다르게 갤럭시를 더 좋아하는 사람들도 있다. 원하는 음악이나 영상을 별도의 프로그램 설치 없이 USB 연결만으로 편리하게 휴대폰에 넣을 수 있다. A/S를 받기 쉽고, 휴대폰에 설치할 수 있는 앱도 아이폰보다 많다. 이처럼 같은 스마트 폰을 보더라도 그 사물을 대하는 본인의 해석에 따라 의견이 다르고 기호도가 갈린다.

스마트폰 하나를 보더라도 이러한데, 세상을 구성하고 있는 모든 사물, 상황, 관계는 어떨까? 우리는 많은 부분에서 연결되어 있고, 다양한 생각이 복잡하게 어우러져 있다. 소통을 잘하려면 사물에 대한 해석이 사람마다 다름을 인정하고 존중해야 한다.

나의 세상에 갇혀 소중한 사람에게 상처를 주거나 내가 타인에게 상처를 받는 상황을 막을 수 있다. 상대를 폭넓고 깊게 바라볼 수 있으며, 갈등이나 마찰이 일어나도 충분히 적절한 대처를 할 수 있다. 이처럼 세상을 바라보는 3가지 프레임만 잘 기억한다면 우리는 보고 싶은 것만 보고 잘못된 판단을 하는 오류를 방지할 수 있다.

상대의 반응도 중요하지만, 그보다 더 중요한 것은 상대의 반응을 내가 어떻게 받아들일지 결정하는 것이다. 타인과 소통이 되지 않는다고 상대를 탓하기 전에, 내가 나만의 프레임에 갇혀 놓치고 있는 것은 없는지 점검해보자. 소통의 열쇠는 나 자신에게 있다.

소통 공부가 진짜 인생 공부다
소통은 그 자체로 자신을 둘러싼 세계이자 인생이다.

나는 할아버지, 부모님, 나 그리고 여동생까지 다섯 식구가 있는 가정에서 태어나 자랐다. 대부분의 사람들은 다섯 식구가 한집에서 같이 생활하면 서로 대화도 많고, 시끌벅적할 것으로 생각한다. 하지만 우리 가족은 서로 말도 하지 않고, 그저 조용히 지냈다.

나는 가족들과 함께하는 식사 시간에도 꼭 필요한 한두 마디밖에 하지 않았다. 부모님 또한 마찬가지였다. 우리 집은 밥을 먹으며 자연스럽게 일상적인 대화를 나누는 분위기가 아니었다. 그래서 부모님과 대화를 한다는 것이 내겐 아주 어색한 일이었다. 일상적인 대화도 어색한데, 진로에 대해 조언을 구하거나 고민을 상담하는 등의 깊이 있는 대화는 더욱 해본 적이 없었다.

이처럼 우리는 살아오면서 적절한 상황에 맞춰 어떤 말과 행동을 해야 하는지, 다양한 사람들과 어떻게 관계를 맺고 소통해야 하는지에 대해 배운 적이 없다. 취업하고 사회로 나오는 순간 한 치의 실수도 용납되지 않는 인생 생방송이 시작되는 데도 말이다.

소통은 눈에 보이진 않지만 없으면 안 되는 공기처럼 우리의 삶에 꼭 필요한 부분이다. 특히 소통에 익숙하지 못한 나에게는 남보다 더 큰 의미로 다가왔다. 내 인생에 있어서 심리적 질환, 퇴사, 이혼 등 내 삶을 흔들리게 하는 큰 사건으로 이어졌기 때문이다. 다행히도 그 시간들은 나에게 고통만 준 것은 아니었다. 살아남기 위해서, 잘 살고 싶어서, 소통하는 힘을 키우고 싶었다. 그래서 매일 소통 공부를 시작했고 그 후 많은 것들이 달라졌다.

소통을 배우는 것은 그 어떤 공부보다 중요하다. 학교에서 수학보다 인간관계에서 내가 원하는 것을 얻기 위해 어떤 것을 더하고 빼야 하는지를 배웠더라면 어땠을까. 국어 시간에 문학 작품을 읽는 것만큼 다른 사람의 마음을 읽고 헤아리고 연습했다면 어땠을까. 과학 시간에 머리를 싸매며 외웠던 주기율표보다 어떤 상황에서 어떤 표정을 짓고 어떤 말을 해야 적절한지에 대한 상관관계를 외웠다면 어땠을까. 그랬더라면 누구나 직면하게 되는 인생의 홀로서기를 조금 더 슬기롭게 할 수 있지 않았을까.

우리가 가정과 사회 공동체의 일원으로 살아가는 한 소통은 멈출 수 없는 호흡과도 같다. 호흡이 멈추면 사람이 죽는 것처럼 소통도 어느 부분이 막혀서 멈춘다면 살아있지만 죽은 인생과 같다. 소통은 중력에 의해 위에서 아래로 흐르는 물처럼 멈추지 않고 자연스럽게 흘러야 한다. 물이 막히는 순간 고이게 되고, 고이는 순간 썩

게 되는 것처럼 소통도 끊임없이 흐르고 통해야 한다. 죽은 인생이란 상대와 통하지 않고 독불장군처럼 나아가는 인생이다. 자신의 입장을 굽히지 않고, 상대를 배려하지 않는다면 그 인생을 둘러싸고 있는 주변의 사람들이 점차 줄 것이다. 타인과 관계 맺기를 꺼리거나 일정한 거리를 두고자 하는 사람은 대체로 자기 입장만 고수하기 바쁘다. 상대의 입장을 헤아리거나 상황을 이해하려 하지 않고, 무조건 자신이 옳다는 식의 행동을 한다. 또한 어떤 상황에서도 자신의 이득을 놓치지 않고 절대 손해 보지 않으려는 계산이 뻔히 보인다. 특히, 우리가 경계해야 할 것은 소통하지 못하는 '불통 리더'다. 리더는 한 공동체의 방향을 정하고 이끌어나가는 중요한 위치에 있다. 만약 리더가 불통의 인물이라면 그 조직은 망망대해에서 길을 잃고 헤매는 배와 같다. 온갖 위험이 도사리고 있는 바다 위에서 위기 상황에 대처하지 못하는 선장이 조직원들을 죽음으로 내몰고 있는 상황과 다를 바 없다.

대한민국을 충격에 빠뜨렸던 세월호 참사를 기억할 것이다. 이 참사는 불통의 어두운 단면을 보여주고 있다. 이 참사에 연루된 나라의 리더를 비롯한 각 기관이나 단체의 대표들 그리고 정치지도자들의 불통은 오천만 국민을 분노하게 했다. 국가시스템이 제대로 국민을 보호해 주지 못하며, 국가 위기 상황에서도 자신의 안위만을 중시하는 리더들을 보며 국민들은 분통을 터트렸다. 의심과 불신은 이제 일상적인 일이 되었고, 편을 나누어 원색적으로 서로를 비난하고 혐오하는 분위기가 다분해졌다. 이처럼 소통은 한 사람의 인생 그리고 국가의 운명에 영향을 미칠 정도로 파급력이 크다.

부자 되는 법, 이력서 잘 쓰는 법, 좋은 배우자를 만나는 법 등 삶을 살아가면서 필요한 방법을 찾는 사람들이 많다. 이런 지식이나 노하우를 배우기 위해 많은 시간과 노력을 쏟는다. 하지만 세상사의 모든 전제이자 밑바탕이 되는 소통에 대해서 공부하려는 사람은 주변에서 찾아보기 어렵다. 인생이 고단하고 막막한 이유가 제대로 소통하지 못하는 것에서 오는 데도 말이다. 가정에서는 부모와 자식 간의 갈등이 있고, 배우자와의 갈등이 있다. 사회생활을 하면 회사에서는 상사나 동료 및 후배와의 갈등이 있다. 사장과 직원과의 갈등도 있다. 많은 이들이 각자의 관계에서 수시로 마찰이 있거나 쉽게 풀리지 않는 갈등을 겪고 있다. 이를 해결하는 방법은 2가지다. 관계를 끊는 것과 끝까지 소통으로 해결하는 것이다.

집에서든 회사에서든 매일 누군가와 대화는 이어진다. 또한 바깥세계에서의 소통뿐만 아니라 자신과의 소통이 지속적으로 이루어지는 것 또한 중요하다. 소통은 그 자체로 자신을 둘러싼 세계이자 우리네 인생이 된다. 유연하고 건강한 소통력을 갖출 때 비로소 안정적이고 지혜로운 삶을 살 수 있다. 소통 공부는 자신이 어린 시절에 어떤 환경과 어떤 분위기에서 성장해 왔는지부터 살펴보는 것이 좋다. 소통은 어린 시절부터 맺어왔던 부모와의 관계에서 많은 부분 닮아있거나 반영되기 때문이다. 그래야 자신의 소통에서 강점과 약점이 무엇인지 파악할 수 있고, 앞으로 만나게 될 사람들과 어떻게 관계를 맺고 교류할 것인지에 대한 소통 전략을 세울 수 있다.

물론 전략을 세우는 것으로만 끝나면 안 된다. 소통 전략을 하나씩 실천하며 현실에 적용해 보고, 부족한 점은 보완해나가는 소통

실습도 병행되어야 한다. 소통하는 힘이 커지면 커질수록 오늘 하루는 충만하고 인생과 앞날 또한 순탄해진다.

3장

소통은 어떻게
삶의 무기가
되는가

"나는 소통을 진작시키는 모든 도구가 사람들이 서로 배우는 방식, 누리고자 하는 자유를 얻어내는 방식에 지대한 영향을 미친다고 굳게 믿는다. 나에게는 누구에게라도 그가 자신을 과소평가하게 하는 말이나 행동을 할 권리가 없다."

_빌 게이츠

소통이 어려울수록 기본에 충실하라

소통에서 우리가 꼭 익혀야 할 기본기는 '표정', '인사', '말버릇'이다.

악기 다루기, 운동하기, 집짓기의 공통점은 무엇일까? 딱히 닮은 구석이 없어 보이는 이 세 가지의 공통점은 바로 기본이 가장 중요하다는 점이다. 악기를 다룰 때는 기본이 되는 계이름부터 알아야 멜로디를 낼 수 있고, 운동할 때는 기초 체력이 받쳐주어야 한다. 또한 집을 지을 때는 바닥 다지기 등 기초공사를 잘해야 부실시공이 되지 않는다. 기본에 충실하지 않은 모든 행동은 해변에 모래성을 짓는 것과 같다. 파도가 밀려오면 언제든 무너질 수 있다. 아슬아슬하다. 상대방과 소통을 할 때도 마찬가지이다. 쉽게 쌓았기에 언제든 무너질 수 있는 모래성이 아니라 단단하게 쌓아 올린 석탑 같은 소통이 필요하다. 기본에 충실한 소통은 쉽게 무너지지 않는다.

소통에서 우리가 꼭 알고 익혀야 할 기본기는 '표정', '인사', '말버릇'이다. 먼저 표정에 대해서 알아보자. 사람들과 좋은 관계를 맺고 싶다면 호감을 주는 사람이 되어야 한다. 어떤 사람에게 호감이 생기면 대체로 다가가서 말을 걸어보고 싶거나 같이 어울릴 수 있는 계기를 만들고 싶다. 반면에 비호감인 사람을 만나면 최대한 거리를 두게 된다.

그렇다면 상대의 마음을 열게 만드는 호감지수를 어떻게 높일 수 있을까? 호감지수를 높이는 가장 강력하고도 빠른 지름길은 바로 '표정'이다. 서로 눈을 마주칠 때 보게 되는 표정이 첫인상을 판단하는 데 많은 영향을 미친다. 어떠한 사전 정보 없이 화난 표정, 무표정, 웃는 표정을 짓고 있는 세 사람이 있다면 우리는 어떤 사람에게 먼저 말을 걸 수 있을까? 당연히 웃는 표정을 짓고 있는 사람에게 먼저 다가갈 것이다.

대부분의 사람들은 미소를 짓거나 웃고 있는 사람에게 호감을 느낀다. 미소가 드리워지고 환하게 웃는 얼굴은 상대에게 긍정적인 느낌을 주기 때문이다. 이처럼 표정은 첫인상을 판단하게 하는 가장 중요한 첫 느낌이며, 호감을 결정짓는 중요한 역할을 한다. 소개팅이나 미팅에서도 상대가 웃는 상이거나 상대의 말을 잘 들어주고 반응해주는 사람이라면 애프터 신청을 받을 가능성이 높다. 설사 자신이 바라는 이상형의 기준에 맞지 않더라도 표정이 좋았던 사람과의 교감은 다시 한번 더 만나고 싶은 끌림을 만들어 낸다.

나는 기본적으로 웃는 상이다. 나의 부모님과 친구들은 나에게 항상 웃고 있다고 말한다. 회사에서도 잘 웃는 직원으로 통한다. 새로운 모임을 가거나 사람을 처음 만날 때 대부분의 사람들이 내게 건네는 첫 마디는 "인상이 좋으시네요!"이다. 초면에도 나를 어렵게 대하는 사람보다는 편하고 정감 있게 대하는 사람들이 더 많다.

나는 원래 웃는 상이기도 했지만 매일 소통 공부를 시작하면서 더 자연스럽고 부드럽게 미소를 짓거나 웃는 연습을 했다. 출근 전 항상 거울을 보며 미소를 지어 보이는 것이 매일 아침에 하는 명상이나 독서처럼 나의 루틴이 되었다. 특히 피곤하거나 컨디션이 좋지 않은 날일수록 꼭 이 루틴을 빠뜨리지 않는다. 나도 모르게 얼굴을 찌푸리거나 찡그린다면 그 부정적인 에너지가 상대에게 고스란히 전해질 것이기 때문이다.

'거울 소통'은 원래 웃는 상인 나의 장점을 더 강화하고자 시작했지만, 웃으면 복이 온다는 말처럼 표정이 평소보다 밝은 날일수록 더 기운 넘치는 하루가 된다. 또한 일부러라도 미소를 짓고 웃는 표정으로 하루를 시작하면 가라앉았던 기분이 조금씩 나아졌다. 웃는 얼굴로 보내는 순간이 많을수록 긍정적인 마음가짐이 따라온다. 이처럼 미소를 짓거나 웃는 표정은 사람들과의 관계나 소통에서도 중요하지만, 전반적으로 우리의 삶에도 많은 영향을 미친다.

철학자 쇼펜하우어는 "많이 웃는 사람은 행복하고, 많이 우는 사람은 불행하다"라고 했다. 우리가 평소에 얼마나 많이 웃느냐에 따라 삶의 행복이 결정된다는 말이다. 미소를 짓거나 웃는 표정은 사회적으로도 매우 중요하다. 취업이나 결혼 등 인생의 중요한 과업을 앞두고 우리는 많은 노력을 한다. 이미지 트레이닝을 받기도 하고, 보조개 수술이나 치아교정을 받기도 한다. 그래서 첫인상을 결정짓는 중요한 요인이자 호감지수를 높일 수 있는 비결인 표정은 피부나 몸매처럼 지속적으로 가꾸고 노력해야 할 중요한 기본이다.

데일카네기는《데일카네기 인간관계론》에서도 미소의 힘에 대해 언급했다. "매력적인 이는 다른 사람의 눈길을 끄는 무언가가 있다. 그 가운데 가장 돋보이는 것이 바로 사람의 마음을 움직이는 미소다. 아름다운 미소는 부자라도 결코 돈을 주고 살 수 없는 귀중한 보물이다." 우리는 단 3초의 노력으로 이 귀중한 보물을 가질 수 있다. 매일 거울을 보며 3초간 입 꼬리를 씨익 올려보자.

다음으로 중요한 소통의 기본은 '인사'다. 인사는 사전적 의미로 처음 만나는 사람끼리 서로 이름을 통하여 자기를 소개하는 말이나 행동, 마주 대하거나 헤어질 때 예의를 표현하는 말이나 행동을 말한다. 즉 인사는 만남의 시작과 끝이자 아주 기본적인 예의이다. 이제 막 신입사원으로 들어온 직원들을 교육할 때 나는 인사의 중요성을 강조한다. 얼굴을 잘 몰라도 마주치는 사람마다 인사를 하는 것이 중요하다고 조언해 준다. 인사를 잘하면 예의가 바르고 좋은 인격을 갖춘 직원이라는 인상을 주기 때문이다.

정병태 박사는 자신의 저서《소통의 기술》에서 "소통의 시작은 인사다. 인사는 비언어 중 최고의 언어다. 인사는 마음을 여는 열쇠다"라며 인사의 중요성을 강조한다. 또한 인사는 상대에 대한 나의 관심, 호의, 감사의 표현이므로 기회가 주어지면 먼저 인사를 하는 것이 중요하다고 말한다.

쇼핑하러 백화점에 가거나 비행기를 탈 때, 점원이나 스튜어디스들이 "고객님 안녕하십니까.", "반갑습니다. 어서 오십시오!"라며 친절하게 인사하는 모습을 볼 수 있다. 인사를 받으면 우리는 상대에게 존중받고 있다는 느낌이 든다. 인사는 하는 사람이나 받는 사람이나 기분이 함께 좋아진다. 하지만 인사를 할 때 건성으로 대충한다면 안 한 것만 못하다. 상대와 눈을 마주치는 것이 중요하고, 상황에 맞는 인사의 격식과 예의를 지키는 것이 중요하다.

마지막으로 강조할 소통의 기본은 '말버릇'이다. 최근 몇 년 사이에 '말버릇'을 제목으로 활용한 책이 많이 출간되었다. 많은 단어 중에 왜 '말버릇'이라는 이름을 붙였을까? 이는 돈이든 운이든 인간관계든 모든 일에서 말버릇이 중요하기 때문이다. '말 한마디로 천 냥 빚을 갚는다'라는 속담처럼 말이 가진 힘은 세다. 말을 어떻게 사용하느냐에 따라 상대를 내 편으로 만들 수도 있고, 상대를 크게 변화시킬 수도 있다.

어느 날 회사 상사가 당신에게 "회사를 몇 년째 다니는데 아직까지 보고서 하나 제대로 쓸 줄 모르나? 형편없네!"라고 말했다면 누구라도 기분이 매우 언짢을 것이다. 마지막에 들은 '형편없네!'라는 말이 자꾸 떠올라 욱하는 감정이 들기 때문이다. 잘못을 인정하고, 잘하고 싶은 마음보다는 분한 감정만 들 것이다. 그 말을 들은 직장 후배가 더 긴장하고 위축된다면 결국 일에 제대로 집중을 할 수 없기 때문에 실수를 연발하거나 업무 효율이 떨어질 수밖에 없다. 결국 상사는 상사대로 신경 쓸 일이 많아지고 예민해진다. 보고서를 수정할 일만 제시했다면 간단하게 해결될 일이 마음을 상하게 하는 짧은 말 한마디 때문에 서로가 힘들어지는 악순환이 반복된다.

만약 상사가 "보고서의 결론이 미흡하긴 하지만 오타 없이 일목

요연하게 잘 작성했네"라고 말한다면 어떨까. 부족한 부분은 피드백을 받아서 좋고, 잘한 부분은 칭찬을 받아서 좋을 것이다. 상사의 말이 동기부여가 되어 직장 후배는 앞으로 더 잘 해내고 싶은 마음이 들 것이다. 이로 인해 후배는 한 단계 더 성장할 것이고, 상사는 든든하게 일을 맡길 수 있는 후배가 생겨 편해진다. 이렇게 말버릇 하나가 전혀 다른 결과로 나타난다.

일상에서 자주 사용해야 할 말버릇 중 하나는 '감사합니다'라는 말이다. 감사는 내면에 활력을 불어넣고, 스트레스를 줄여준다. 실제로 나는 주변에 있는 모든 것들에 감사하다는 생각을 하면서부터 생활에 활력이 넘치고 매사에 모든 일이 유쾌하고 즐겁다. 사람들과의 관계도 더 좋아졌고, 마음이 훨씬 편안하다. 원하는 일이 있다면 미리 감사하다고 외쳐보고, 소소한 일에도 끊임없이 감사함을 표현해보자. 감사하는 말버릇이 돈과 운과 좋은 관계를 끌어온다.

소통에 꼭 필요한 기본기인 표정, 인사, 말버릇을 일상생활 속에서 습관이 될 수 있도록 연습한다면 놀라운 변화를 느낄 수 있다. 기본에 충실하면서도 강력한 소통의 무기를 장착한 것이다. 어느 순간부터 소통이 '어렵다'라는 말 대신 '재밌다'라고 말하는 자신을 발견할 수 있을 것이다.

관계에 대한 나만의 기준을 세워라
거짓된 허상에 매달려 불안하게 살다가 껍데기밖에 남지 않게 된다.

회사에서 일을 처리할 때 기준이 되는 매뉴얼이 있으면 업무가 훨씬 정확하고 진행이 빠르다. 2021년 경비 사용계획을 세울 때 어떠한 기준도 없이 막연하게 계획한다면 첫 시작부터 난관일 것이다. 건물 수선비부터 시작해서 사무용품 등 얼마만큼의 비용을 잡아야 할지, 어디서부터 어떻게 시작해야 할지 막막하다. 하지만 2021년 매출액은 작년대비 10% 감소 예정이니 경비 사용계획도 작년대비 10% 절감금액으로 세우자 라든가, 물가 상승률을 감안해서 작년대비 3% 인상된 금액으로 계획을 세우자 등의 기준이 있다면 순조롭게 시작할 수 있다.

이처럼 표준이 되는 기준은 우리가 세상을 살아가거나 일을 하는데 없어서는 안 될 중요한 지침이다. 이는 소통에서도 마찬가지이다. 사람들과 관계를 맺을 때 자신만의 기준을 가지고 있으면 타인에게 휘둘리지 않고 나답게 행동할 수 있다. 자신만의 명확한 소통 매뉴얼이 있다면 어떤 상황에서도 당황하지 않고 자연스럽고 당당하게 행동할 수 있다. 자신의 삶을 스스로 조절하고 통제할 수 있는 역량도 강화된다. 이로 인해 자존감이 올라가고 관계에 대한 자신감이 생긴다. 타인과의 관계 형성에 있어서 나름의 기준을 둔다는 것은 매우 중요하다. 다음의 사례를 한번 살펴보자.

　오늘은 회식날이다. 김 차장은 술을 좋아하지 않고, 이 부장은 술을 좋아한다. 김 차장은 회식 자리가 영 내키지 않는다. 이 부장이 회식만 했다하면 2차는 기본이고 3차까지 술자리를 가지기 때문이다. 김 차장은 회식 자리를 피하고 싶었지만 상사인 이 부장과의 원만한 관계를 위해 분위기를 해치지 않는 선에서 1차까지는 예의상 참석한다. 하지만 이 부장이 2차를 가자고 하면 김 차장은 가지 않겠다고 말한다. 2차까지 가면 자정이 되어서야 집에 도착하기 때문에 일단 몸이 피곤하고, 다음날 회사 일에 지장을 줄 수 있다. 또한 술만 먹으면 인사불성이 되는 이 부장을 대신해서 술값을 계산했던 일도 종종 있었기 때문에 그러한 일을 미연에 방지하고 싶다.
　김 차장은 오늘도 역시나 이 부장의 2차 제안을 정중하게 거절한다. 이 부장은 사실 1차까지만 참석하는 김 차장의 태도에 불만이 많다. 하지만 회식이 있을 때마다 김 차장이 1차까지만 참석하기를 일관성 있게 반복하자 이 부장은 더 이상 김 차장의 행동을 문제 삼지 않았다. 김 차장은 술자리 회식에서 어떤 상황이 와도 1차까지만 하기로 자신만의 기준을 정해놓았다. 이 부장이 어떤 말을 해도 확실하게 선을 긋는 일관적인 모습을 보였다. 거절하는 것이 처음에는 불편하고 힘들더라도 그 사람만의 일관성 있는 기준이 된다면, 상대도 결국 그 기준을 받아들이고 인정하게 된다. 제대로 된 거절을 하지 못하면 결국 남에게 맞추기 위해 애를 쓰게 된다. 이렇게 쌓인 감정을 스스로 조절하지 못한다면 결국 제안한 사람을 원망하고 탓하게 된다. 남의 탓을 하는 감정적 소모는 예방하는 것이 좋다.

원만한 관계를 지속하기 위해서는 반드시 자신만의 기준이 있어야 한다. 명확한 기준을 세우고 자신만의 소통 매뉴얼대로 일관되게 행동한다면 타인에게 좌지우지되지 않는 주체적인 소통 관계를 유지할 수 있다. 관계에 대한 기준을 정하는 데 있어서 완벽한 정답은 없겠지만, 누구에게나 적용 가능한 3가지 팁을 제시하고 싶다.

첫째, 일방적으로 헌신하지 말고 기대하지도 말자. 부모와 자식과의 관계를 보면 자녀를 위해 헌신하는 부모들이 많다. 자신의 안위는 뒤로 한 채 자녀의 뒷바라지를 열심히 하는데, 자식에게 투자한 만큼 보상을 받으려는 심리가 발동하는 순간 그 헌신은 빛을 잃는다. 자녀의 의사에 반해 부모가 원하는 학교나 직장, 결혼이나 삶의 모습까지 강요하려 든다면 그것은 자녀를 진정으로 위하는 게 아니다. 실컷 애쓰고도 결국 자녀에게 원망 어린 목소리를 들을 수 있다. 도움이 되고 싶었던 부모의 의도와는 달리 자녀는 혼란스러움을 느끼거나 자신이 스스로 결정할 수 없는 데서 오는 무력감을 느낄 수 있다.

착한 자녀들은 부모의 헌신을 생각하며 부모의 의견을 따르려 노력한다. 하지만 생각대로 잘되지 않으면 자녀는 부모에게 미안함을 느끼게 되고, 죄책감에 괴로워한다. 부모의 말을 잘 듣는 아이로 사느라 참았던 불만이 수면 위로 떠오른다면 상황은 더욱 악화된다. "내가 너를 어떻게 키웠는데…"라고 부담되는 말을 하거나 "네가 나한테 이럴 수 있어?"라며 탓하는 순간, 부모에게 미안했던 마음은 야속한 마음으로 바뀐다. 자녀는 자녀대로 속상하고 부모는 부모대로 서운하다.

일방적인 헌신과 이를 보상받으려는 기대는 서로에게 의도치 않은 상처가 될 수도 있다. 부모와 자식 간의 관계를 예로 들었지만 배우자나 지인 및 사회적인 관계에서도 그러하다. 사람들과 관계를 맺을 때 상대에게 너무 헌신하거나 기대하지 말자. 혼자 잘해주고 상처받지 말자. 상대에게 맞추더라도 나를 잃지 않는 선을 지키는 것이 중요하다. 상대의 보상을 기대하기보다는 스스로가 선택한 행동의 의미를 다시 한번 성찰하는 것이 중요하다. 내가 원하는 대로 상대가 행동하기를 바란다면 시간을 들이고 공을 들여 소통하고 기다려주자. 그래도 바뀌지 않는다면 그대로 인정하고 존중하는 편이 현명하다.

둘째, 타인의 인정에 자신을 잠식시키지 마라. 사람들은 누구나 인정받기를 원한다. 하지만 지나친 인정욕구는 부작용을 초래한다. 대중의 관심과 사랑은 연예인에게 매우 중요하다. 일의 수명을 좌우하기 때문이다. 대중의 기대에 부흥하면 큰 사랑과 인정을 받지만, 조금이라도 기대에 어긋난 모습을 보이거나 실망을 시키면 그 사랑은 칼날이 되어 부메랑처럼 돌아온다. 응원하는 팬들도 많지만,

모두를 만족시킬 수 없기에 잘 되면 잘 될수록 안티 팬도 생긴다.

최근 안타깝게도 악성댓글에 시달리던 연예인들이 생을 마감하는 일이 있었다. 오랜 시간 악플로 힘들어한 그들은 결국 극단적인 선택을 하고 말았다. 물론 꼭 연예인이 아니더라도 우리는 누군가에게 인정과 사랑을 받고 싶어 한다. 그래서 더 노력하고 애쓴다. 다른 사람의 시선과 평가에 자유로울 수 없고, 목표에 도달하지 못했을 때 큰 실망감과 자책감에 시달리기도 한다.

김혜남 작가는 저서《당신과 나 사이》에서 "타인의 인정과 환호는 언제든 사라질 수 있으며, 이에 매달리는 이들은 거짓된 허상에 대롱대롱 매달려 불안하게 살다가 껍데기밖에 남지 않게 된다"라고 했다. 그러니 타인의 인정에 중독되어 자신을 잃지 않아야 한다. 타인의 인정만큼 스스로 충만함을 느끼는 것과 노력한 과정의 의미를 찾는 것 또한 중요하다.

셋째, 자신의 기준을 지키며 단호하게 거절하라. 거절은 물론 어렵다. 거절하면 상대와의 관계가 소원해질까 두렵고, 현재 함께 하는 일에 차질이 생길까 염려된다. 하지만 이런 걱정 때문에 거절하지 못하면 타인과 원만하게 잘 지내고 싶었던 마음 대신 타인을 미워하고 원망하는 마음이 쌓인다.

거절이 힘들다면 거절을 연습해야 한다. 그리고 자신을 위해 거절할 수 있는 용기를 내야 한다. 거절을 당한 상대가 감정적으로 반응을 한다거나 원만했던 관계가 어색해지는 등 관계의 균열이 생길 수 있다. 하지만 상대의 반응과 감정만큼 나 자신의 감정과 마음도 중요하다는 것을 명심하자. 그러니 자신의 감정이나 마음이 어디까지 허용할 수 있는지에 대한 기준을 세우자.

이 3가지 기준이 완벽한 답이 될 순 없겠지만, 자신에게 도움이 되는 기준이 있다면 적용해 보았으면 한다. 한 가지 당부하고 싶은 게 있다면 한 번 정해놓은 기준을 끝까지 지키겠다는 생각보다 그 기준도 상황에 따라 조금씩 수정하고 보완해 갔으면 한다. 소통 방법에 있어서 하나의 완벽한 정답은 없기 때문이다. 완벽한 정답보다는 자신의 성향과 상황에 맞는 해답을 찾아 나가자.

상대를 내 편으로 만드는 소통 십계명

내 편이 되어주는 관계가 많을수록 삶을 영위해나가는 전력이 강해진다.

축구를 비롯한 많은 운동 경기들은 보통 원정경기보다 홈경기에서 이길 확률이 높다. 그 이유는 홈경기에서 응원하는 관중이 원정경기의 응원 관중의 수보다 압도적으로 많기 때문이다. 선수들 또한 자신에게 보내는 큰 응원의 함성을 들을 때 이기고 싶은 승부욕과 열정이 더욱 솟아난다.

홈팀과 원정팀을 응원하는 팬들 사이에서 관계에 대한 힌트를 찾아보자. 응원 온 팬들이 많은 홈팀이 시합에서 이길 확률이 높아지는 것처럼 내 편이 되어주는 관계가 많을수록 인생을 영위해나가는 삶의 전력이 강해진다. 좋은 관계를 유지하기 위해서는 먼저 좋은 사람이 되어야 하고, 상대를 내 편으로 만들고 싶다면 그 상대와 소통을 잘하는 사람이 되어야 한다. '소통 십계명'이라고 하면 좀 거창한 느낌이 들지만, 인간관계에서 다양한 시행착오를 겪으며 10가지의 소통 노하우를 정리해보았다. 상대를 내 편으로 만드는 소통 십계명은 다음과 같다.

하나, 상대방의 성향을 파악하라

나는 유독 공격적이고 무시하는 말투를 가진 상사를 만나 첫 직장생활을 무척 힘들게 했다. 상사가 많은 사람 앞에서 나를 면박 주거나 질책할 때 심한 모욕감을 느꼈다. 이런 일이 반복되자 내가 쓸모없는 사람이 된 것만 같은 상실감에 한동안 많은 날을 방황했다.

나는 다행히도 매일 소통 공부를 하며 나 자신을 성장시키기로 했고, 인간관계의 어려움을 극복하고자 에니어그램을 공부하기 시작했다. 조금씩 내가 겪은 갈등의 원인과 힘든 상황이 반복되는 이유 등 사건의 인과관계를 알아갈 수 있었고, 지나온 날들을 하나씩 성찰할 수 있었다.

먼저 나와 부딪힐 수밖에 없었던 상사의 성향을 면밀히 알게 되었다. 성향이 파악되자 적절한 관계 전략도 자연스럽게 세워졌다. 나의 상사는 에니어그램 성격유형에서 가장 거칠고 공격적인 사람 축에 속했다. 상사의 성향을 객관화한 정보로 파악하니 마음을 내려놓는 데 큰 도움이 되었다. 이 사람의 말과 행동은 자신의 성향에서 비롯된 것이며 꼭 나에게만 그렇게 행동하는 것이 아님을 인지한 순간, 상처받은 마음이 가벼워졌다.

이처럼 상대와 잘 지내기 위해서는 상대를 파악하는 것이 가장 먼저다. 상대에게 관심을 가진다면 분명히 전에 보지 못했던 상대의 모습이 보일 것이다.

둘, 자기 자신을 사랑하라

컵에 물이 가득 차면 밖으로 흘러넘치듯 내 마음속에 사랑이 가득 차면 사랑이 넘쳐흐른다. 그렇게 넘쳐흐른 사랑은 나를 너머 주변으로 퍼져 나가게 된다. 자신을 사랑하는 마음이 충분할 때 우리는 마음의 여유를 가지고 타인을 대하게 된다. 내 마음이 편안하고 자존감이 단단하다면, 타인의 말과 행동 하나하나에 예민하게 반응하기보다는 상대의 입장을 헤아려보는 노력을 하거나 자신에게 더 건강하고 유리한 방향으로 생각을 전환할 수 있다. 내가 먼저 나 자신을 사랑할 수 있도록 일상 속에서 수시로 노력해보는 것이 중요하다. '나는 나를 사랑한다', 나는 가치 있는 사람이다'라는 말을 스스로 자주 해주자. 자신을 위로하고 응원할 수 있는 메시지를 직접 글로 써보는 것도 많은 도움이 될 것이다.

셋, 상대의 입장을 헤아려보자

일부러 다른 사람에게 피해를 주기 위해 행동하는 사람은 거의 없다. 살다 보면 복잡하게 얽힌 이해관계에 의해 본의 아니게 상처를 주거나 양쪽의 입장 차이가 너무 커 대치할 수밖에 없는 상황이 많다. 섣불리 판단하고 오해하거나 충분하지 않은 정보로 얕은 편견을 가지기보다는 '어쩔 수 없는 상황이 있지 않았을까?'라는 시선으로 한 번쯤 바라보자. 화내기 전에 내가 모르는 상대의 상황이 있진 않은지 점검해보자.

넷, 상대의 말을 주의 깊게 듣자

주의 깊게 듣는다는 것은 말 자체를 놓치지 않고 잘 들어야 한다는 의미도 있지만, 말속에 숨어있는 의도를 알아챌 수 있는 '경청'을 하라는 것이다. 부모님이 계시는 본가에 갈 때면 나는 항상 친구들과 저녁 약속을 잡았다. 그래서 집에서 저녁을 먹는 경우가 거의 없었지만 어머니는 내가 집에 갈 때마다 매번 "오늘 저녁에 약속 있니?"라고 물어보셨다. 몇 년 전까지만 해도 나는 대수롭지 않게 친구들과 약속이 있어서 나간다며 집을 나섰다. 하지만 소통 센스가 높아진 지금은 "오늘 저녁에 약속 있니?"라는 어머니의 말이 "오늘 저녁만큼은 오랜만에 가족끼리 밥 먹었으면 좋겠다"라는 의도임을 안다. 그래서 친구를 만나러 나가더라도 저녁은 집에서 먹었다. 어머니는 내심 크게 좋아하셨다. 이렇듯 나에게 소중한 사람일수록 센스있는 경청이 필요하다.

다섯, 상대를 비난하면 결국 내 손해다

우리는 불완전한 존재이다. 누구나 실수로부터 자유로울 수 없다. 상사가 부하직원에게 "이런 일 하나도 제대로 처리를 못 하니까 당연히 승진을 못 하지!"라고 비난했다고 하자. 일부러 실수하는 사람은 없다. 실수해서 누구보다 속상한 건 당사자이다. 본인의 실수로 인해 팀원들에게 피해를 줬다는 생각에 자책감도 들고 미안한 마음이 클 것이다. 실수한 것만 언급하면 되는 상황에서 굳이 예민할 수 있는 승진 이야기를 꺼내며 날 선 비난을 했다. 부하직원은 본능적으로 자신을 보호하기 위해 방어기제가 작동한다. 인정하고 사과하고 싶었던 마음이 한 순간에 '승진 이야기를 꺼내다니, 너무한 거 아니야?'라는 생각으로 바뀐다. 생각할수록 울분이 차오른다. 심한 경우 비난으로 맞대응하거나 아예 소통 자체를 거부할 수도 있다. 빨리 끝날 수 있는 상황을 되레 악화시키는 것이다. 어떠한 상황에서도 폭력이 정당화될 수 없듯이 어떤 소통에서도 상대를 비난하는 것은 용납될 수 없다. 비난하는 쪽이나 받는 쪽이나 어느 누구에게도 도움이 되지 않는다.

여섯, 당당하고 솔직하게 의사 표현하는 훈련을 해라

타인에게 명확한 자신의 의사를 표현하는 것에 어려움을 느끼는 사람들이 많다. 바빠서 들어주기 힘든 상대의 부탁을 거절하지 못하거나, 그 순간에 느꼈던 감정을 표현하지 못하고 마음에 담아두거나 억눌러 참는 사람은 응어리진 마음이 쌓여 결국 자신을 병들게 만든다.

일곱, 자신을 먼저 알아야 한다

속담에 '똥 묻은 개가 겨 묻은 개 나무란다'라는 말이 있다. 남의 잘못은 잘 보면서 자신의 잘못은 인지하지 못함을 뜻한다. 실제로 우리는 자기 자신을 잘 보지 못한다. 자신이 어떤 기질과 성향을 가졌는지 잘 알고 있다면 어떤 선택이든 확신을 가질 수 있다. 또한 사람들과의 소통에서도 자연스럽게 행동할 수 있다.

에니어그램 성격 유형 검사는 자신이 어떤 사람인지 파악하는 데 많은 도움이 된다. 자신을 잘 알아야 타인과 자신의 성향이 어떤 상호작용을 할 수 있을지 파악할 수 있다.

여덟, 주변 사람들에게 진심 어린 관심을 보여라

아내가 밤에 잠을 못 이루고 뒤척인다면 무슨 고민이 있는지 알아차릴 수 있어야 한다. 친구가 평소와 달리 우울해 보인다면 왜 그런지 관심을 가지고 물어볼 수 있어야 한다. 상대는 누군가가 자신의 상황을 알아주는 그 자체만으로도 많은 위안과 힘이 된다.

아홉, 상대와의 심리적 거리감을 알아야 한다.

여기서 말하는 '심리적 거리'는 관계에서 발생하는 친밀함의 정도를 나타낸다. 심리적 거리가 가까운 사람에게는 "주말에 남자친구(여자친구)와 뭐 했니?"라고 물어본다면 소통 인사나 안부를 물어보는 것으로 여겨진다. 하지만 심리적 거리가 먼 사람에게 자칫 이런 질문은 실례가 될 수 있다. 지극히 개인적인 일인 데다가 사생활 침해나 오해의 소지가 있을 수 있다. 그러므로 상대와의 심리적 거리를 알고 그에 맞춰서 소통하는 것이 중요하다.

열, 거짓말을 하지 마라.

인간관계에서 가장 중요한 것은 서로 간의 신뢰일 것이다. 서로에 대한 믿음이 흔들린다면 관계를 지속할 수 없다. 의심은 또 다른 의심을 낳는다. 거짓말은 당장 위기를 모면할 순 있어도 한번 시작하면 멈출 수 없다. 이미 덩치가 커져 버린 거짓말은 처음부터 속일 의도가 없었고, 어쩔 수 없는 상황이 있었다 하더라도 좋은 결말이 될 수 없다. 거짓말로 인해 소중한 사람에게 상처 주거나 좋은 사람을 잃은 것만큼 후회되는 일이 없다. 인생에 있어서 중요한 순간에 아무도 나를 믿어주지 않거나 내 곁에 남아있지 않다면 그것만큼 불행한 일이 어디 있을까. 그러므로 좋은 관계를 지키는 불문율은 항상 진실한 마음으로 사람들을 대하는 것이다.

'소통 십계명'을 꾸준히 인식하고 실천한다면 소통이 생각보다 어렵지 않을 것이다. 인간관계에서 갈등이 생길 수 있는 많은 부분을 예방할 수 있고, 예기치 못한 상황에서도 평정심을 유지할 수 있을 것이다. 가깝고 소중한 사람일수록 소통 십계명을 잘 지킬 수 있도록 노력하자. 어떤 상황에서도 나를 믿어주고 지지해주는 내 편이 있다면 인생은 나름대로 살아볼 만하다. 당신이 중요한 순간에 부디 외롭지 않길, 필요한 순간에 언제든 응원해줄 당신의 편이 있기를 진심으로 바란다.

진심은 느리지만 오래 가고 힘이 세다

성실하게 사는 삶, 거짓 없이 매 순간 진심을 다하는 삶을 살아야 한다.

우리 집은 아궁이에 불을 지피던 때가 있었다. 당시에 나는 할아버지와 같이 살았다. 할아버지는 비가 오나 눈이 오나 하루도 거르지 않고 매일 똑같은 새벽 시간에 기상하셨고, 들에 나가 소에게 먹일 풀을 베어 오셨다. 단 한 마리의 소였지만 할아버지는 지극정성으로 풀을 먹이셨다. 새벽에 풀을 베어오신 이후 할아버지는 아침밥을 드시고 나서 내게 막걸리 한 병을 사 오라는 심부름을 시키고는 지게를 짊어지고 산을 오르셨다. 우리 집 아궁이에 불을 지필 나무를 구하러 가신 것이다. 할아버지는 반나절쯤 지나 지게에 나무를 한가득 짊어지고 돌아오셨고, 나무를 마당 한쪽에 차곡차곡 쌓아 놓고는 내가 사다 놓은 막걸리로 시원하게 목을 축이셨다. 그러곤 쉴 틈 없이 또다시 산으로 향하셨고, 해 질 무렵에서야 나무를 또 한가득 짊어지고 집에 돌아오셨다. 우리 집은 부지런한 할아버지 덕분에 땔감 걱정 없이 따뜻한 겨울을 보낼 수 있었다. 어린 내 눈에 비친 할아버지의 삶은 매일 쳇바퀴처럼 반복되었지만, 그저 본인에게 주어진 삶을 불평불만 없이 성실히 살아내셨다.

지금은 모든 것이 풍족한 세상이다. 하지만 마음의 허기는 더 커진 것 같다. 요즘 자기 신세를 한탄하고 불평불만을 늘어놓는 사람들을 보면 매 순간 묵묵히 자신의 삶을 살고자 했던 할아버지가 가끔 생각이 난다. 할아버지의 삶을 눈앞에서 보고 자란 나는 알게 모르게 할아버지의 영향을 많이 받았다. 할아버지로부터 보고 배운 것이 많지만 그중에서 가장 큰 영향을 받은 것은 삶을 대하는 태도였다. 바로 요령을 피우지 않고 성실하게 사는 삶, 거짓 없이 매 순간 진심을 다하는 삶이다.

나는 선의의 거짓말도 잘하지 못한다. 누군가를 속일 수 있을 정도로 머리가 좋은 것도 아니다. 더욱이 마음에 없는 말과 행동을 할 때 표정이나 행동이 어색하고 티가 난다. 또한 서로 친해지려면 유머와 농담도 섞으며 대화를 해야 하는데, 나는 모든 일을 가볍게 여기지 않고, 진심으로 받아들이기 때문에 나와 함께 있는 게 어색하다고 말하는 친구도 있었다. 진우라는 대학 동기는 "진명이와 친해지려면 한 5년은 같이 있어야 된다"라고 자주 말하곤 했다. 진우의 말처럼 나는 누군가와 친해지려면 오래 보아야 하고 오래 만나야 한다. 스스럼없이 속내를 털어놓을 수 있는 막역한 사이가 되려면 아마 보통의 다른 사람들보다 훨씬 오랜 시간이 걸릴 것이다.

하지만 무조건 빨리 마음을 열고 친해진다고 해서 옳거나 좋은 것만은 아닌 것 같다. 친해지는 속도와 마음을 여는 과정은 다소 느리지만 나와 친한 관계를 유지하고 있는 사람들은 나에게 무한 신뢰를 보낸다.

회사에서 나는 주어진 일을 성실하게 해내는 믿을 수 있는 직원으로 인정받아 지난 몇 년 간 다른 부서에서 꾸준한 러브콜을 받고 있다. 물론 회사에 첫발을 내디뎠을 때부터 인정을 받았던 것은 아니다. 신입 시절의 나는 다른 동료들과 다를 바 없는 평범한 직원 중 한 명에 불과했다. 직장에서 자리 잡고 안정되기 위해서는 상사에게 듣기 좋은 말도 하면서 잘 보여야 한다고 하는데, 나는 워낙에 매사가 진지모드라 아부하고는 거리가 멀었다. 나는 입에 발린 말로 상대를 기분 좋게 하고 원하는 것을 얻는 것보다 그저 솔직한 진심이 더 편하고 좋았다. 보고를 하더라도 좋게 포장하기보다 있는 그대로의 사실을 전했고, 상사가 좋아할 일을 하거나 상사에게 일 좀 했다고 과시하기보다는 티 내지 않고 내가 해야 할 일에 집중했다. 그래서일까. 나는 도저히 아부성 멘트를 잘하는 능글맞은 동료나 중요한 일을 자신의 공으로 돌리는 영리한 동료를 이길 수 없었다.

하지만 시간이 지나면서 상황은 바뀌었다. 내 일을 미루지 않으면서도 다른 사람들을 돕고 그저 묵묵히 어떤 일이든 열심히 임하는 나의 진심이 통해서인지 나는 다른 부서장들에게 당장이라도 데려오고 싶은 직원이 되었다. 직속 상사 또한 내가 오해를 살만한 일에 연루되었을 때 "유대리는 그럴 사람이 아니다"라며 먼저 나를 두둔해주었다. 나는 동료들을 대할 때 누군가에게 들은 말로 사람을 쉽게 판단하거나 다수의 말로 인한 편견에 사로잡히기보다는 내가 직접 겪지 않은 부분에 대해서는 함부로 말하지 않고, 가식이나 거짓 없이 사람들을 대하는 편이다. 그래서 그런지 동료들은 내가 하는 말을 주의 깊게 들어주고 흔쾌히 믿어준다. 그러고 보면 일과 삶, 그리고 사람을 대하는 진심 어린 태도는 초반에는 다소 불리하고 느리지만 시간이 갈수록 오래 가고 힘이 센 듯하다.

쉽게 흔들리지 않는 기본과 기초 체력을 쌓는 데는 많은 시간이 소요되고 굳건한 인내가 요구된다. 하지만 기본기가 제대로 쌓이는 순간 실력은 기하급수적으로 상승한다. 기본기가 탄탄하면 어떤 어려운 기술이라도 쉽게 배울 수 있고, 어떤 응용문제라도 쉽게 풀 수 있는 내공이 생긴다. 진심으로 다져진 관계는 웬만한 일에 흔들리지 않는다. 진심은 모든 인간관계의 진리이자 진정한 삶의 바탕이기 때문이다.

좋은 사람보다 나답게 명확한 사람 되기

'좋은 사람', '착한 사람'에 집착하지 말고 선을 지키는 사람이 되어야 한다.

어릴 때부터 나는 부모님을 비롯한 주변 사람들로부터 '착한 아이'라는 말을 듣고 자랐다. 나 또한 '착한 아이'로 불리는 것에 만족했다. 다른 사람들이 나를 착하다고 말해줄 때마다 칭찬받았다고 생각했기에 기분이 좋았다. '착한 아이'라는 인정을 더 많이 받고 싶어서 착하다고 여겨지는 일을 스스로 찾아서 해내기도 했다. 어린 나에게 있어서 '착한 아이'라는 말은 타면 탈수록 또 타고 싶은 상장 같은 것이었다.

넉넉하지 못한 집안 환경에 제대로 된 학원 한 번 다녀보지 못했지만, 독학으로 우수한 학업 성적을 유지했기에 부모님이 나에게 거는 기대가 컸다. 부모님은 주위 사람들에게 우리 아들은 공부도 잘하고 부모 속 한 번 안 썩히는 성실한 아이라고 입에 침이 마르도록 자랑을 하셨다. 나는 그런 부모님의 모습에 내심 뿌듯했다. 부모님의 인정과 주변 사람들의 기대에 부응하고자 누가 시키지 않아도 열심히 공부했고, 그 당시 전국에서도 명문고로 손꼽히는 순천고등학교에 입학했다. 입시를 잘 치르고 서울대 법대를 가서 검사나 판사가 되겠다는 원대한 목표가 있었다.

결과적으로 나는 사람들이 기대하는 판검사가 되지 못했다. 그래도 부모님을 비롯한 주변 사람들을 실망시키고 싶지 않아 나름대로 주어진 환경에서 최선을 다하며 열심히 살아왔다. 부모님의 말씀을 잘 듣는 순종적인 아들로 살아왔고, 나의 의견이나 속마음보다는 주변 사람의 말이나 기대에 많은 영향을 받았다. 내가 살고 싶은 진짜 나만의 삶이 어떤 모습인지 몰랐고, 누구나 그렇겠지만 그저 남들이 사는 만큼 나도 뒤처지지 않아야겠다고 생각했다.

'착한 아이'에서 '좋은 사람'으로 성장한 나는 회사에서도 친절하고 착한 사람으로 통한다. 인상이 선하고 목소리도 차분해서 그런지 동료들이 나에게 많은 부탁을 해왔다. 한때 나는 부탁을 받는 게 마치 인기 순위와 같은 느낌이 들었다. 요즘 말로 '인싸'가 된 느낌이랄까. 사람들의 기대에 부응하고 실망시키지 않기 위해 나는 부탁받은 모든 일을 내색 없이 묵묵하게 해냈다. 동료들의 고맙다는 말을 들을 때마다 중요한 사람이 된 것처럼 기분이 좋았다. 어릴 적 부모님에게 '착한 아이'라고 불리는 나를 유지하고 싶었던 마음처럼 동료들이 정말 '좋은 사람'이라고 인정해주는 프레임을 유지하고 싶었다. 회사에서 매년 연말이 되면 송년회를 하는데, 그해에 친절하고 가장 잘 웃는 직원을 뽑는 이벤트가 있다. 나는 그 이벤트에서 2년 연속 1등 직원으로 뽑혔다. '좋은 사람'이라는 대외적인 인정과 공식적인 상장인 셈이다. 그러던 어느 날이었다. 동료 한 명이 내게 팩스 보내는 법을 가르쳐 달라고 했다. 사실 전에도 몇 번 가르쳐 준 적이 있었다. 솔직한 마음으로는 몇 번을 가르쳐 줬는데도 아직도 못 하느냐고 말하고 싶었지만, 가르쳐 주는 게 어려운 것도 아닌데 속 좁은 사람으로 여겨질까 하는 걱정에 다시 친절하게 가르쳐 주었다. 이 상황을 지켜본 상사는 대뜸 "너는 할 일도 많으면서 몇 번이고 똑같은 부탁을 들어주고 있냐? 참 성격도 좋다"라며 핀잔을 주었다. 자기 일로도 충분히 바쁜데, 거절하지 못하고 부탁을 들어주고 있는 내가 안쓰럽게 보여서 그렇게 말했을 것이다.

상사가 툭 던진 그 말은 생각보다 나에게 큰 깨달음을 주었다. '그래! 나도 내 할 일이 많은데 거절 못 하고 계속 들어주니, 상대도 본의 아니게 계속 도와달라며 의존을 하게 되는구나'라는 결론이 내려졌다. '넌 참 호구다'라는 말을 '성격도 좋다'라며 돌려서 말해준 상사에게 새삼 고마울 정도였다. 이 팩스 일과 비슷했던 무수한 사건들이 떠오르며 나도 모르게 씁쓸한 웃음이 지어졌다.

이대로는 안 되겠다는 생각이 들었다. 이제부터 달라질 것이라고 마음을 단단히 먹었다. 하지만 마음과 다르게 '좋은 사람'이라는 꼬리표를 떨쳐내기는 어려웠다. 이미지가 워낙 그렇게 굳혀진 터라 사람들에게 갑자기 다른 모습을 보이는 것도 어색하고 한계가 있었다. 게다가 착한 사람 증후군은 생각보다 나를 깊게 잠식하고 있었다. 거절하고 싶어도 제대로 입이 떨어지지 않았다.

나는 사람들의 부탁을 들어주는 고충 해결사가 된 것은 물론, 온갖 불평불만과 힘든 감정을 털어놓는 감정 쓰레기통이 되어 있었다. 그들은 다른 사람을 욕하는 다소 심한 표현도 아랑곳없이 내게 하곤 했는데, 워낙 거친 말투나 공격적인 말의 뉘앙스를 힘들어하는 나로서는 고통스러운 일이었다. 하지만 달리 어떻게 반응을 해줘야 할지 모르기도 했고, 혹여나 상대의 감정을 더 악화시킬지도 모른다는 마음에 애써 웃음 지으며 들어주었다.

남에게 좋은 사람이 되려고 내가 나에게 좋은 사람이 되지 못하는 이 안타까운 현실. 물론 다른 사람에게 도움을 주는 것은 필요하고 중요하다. 직장생활을 하면서 이미지가 나쁜 것보다 좋은 사람으로 인식되는 게 당연히 낫다. 하지만 중요한 것은 나 역시 남모르게 많은 상처와 스트레스를 받고 있었다는 점이다.

소중한 나와 하나뿐인 내 인생을 위해서 나는 좋은 사람이기보다 명확한 사람이 되기로 했다. 나는 이제 '좋은 사람', '착한 사람'이라는 말에 절대 목숨 걸지 않는다. 사람들과 동등한 관계가 아니라 어쩌다 보니 한쪽으로 치우친 뜻밖의 갑을관계가 되지 않기 위해 미리 예방한다. 나름의 기준에 의해 선을 긋고, 기분 나쁘지 않게 거절하는 말버릇을 연구해서 적절하게 활용한다.

'좋은 사람'이라는 프레임에 갇혀 스트레스를 받고 있다면, '착한 사람 증후군'에서 벗어나지 못해 고통받고 있다면, 지금부터라도 거절을 연습하고 의사 표현을 명확하게 하는 훈련을 해야 한다. 내가 어떤 호불호를 가진 사람인지를 적절하게 어필할 수 있어야 상대도 그 정보에 의해 나를 존중하고 배려할 수 있다. 소통할 때 자신만의 기준을 만들어나가는 것이 필요하며, 세련되고 정중하게 거절할 줄도 알아야 한다.

상대가 나를 함부로 대한다는 느낌이 든다면 감정이 섞인 많은 말을 하는 것보다 필요한 말만 하면서 침묵하는 것이 효율적인 반응이 될 수도 있다. 나의 좋지 않은 기분을 살짝 표정으로 보여주는 것만으로도 상대에게는 효과적인 신호가 될 수 있다. 또한 상대가 무례한 말을 하거나 거칠게 말한다면 일일이 상대하지 않고, 짧은 답변으로 대화를 빨리 끝내 버리는 것도 좋은 방법이다.

상대에게 흔들려 나를 잃지 않으면서도 사람들과의 관계에서 자신감을 찾고 동등한 관계의 재정립을 확인하는 과정은 꼭 필요하다. 당장은 마음이 불편하거나 어색하더라도 그 과정을 잘 극복해 내면 나는 어떤 사람이고 어떻게 소통해야 하는지에 대한 명확한 이미지가 다시 장착된다. 인생이 훨씬 간결해지고, 다른 사람을 신경 쓰던 에너지가 내 인생의 에너지로 쓰이며, 효율적이고 생산적인 삶이 된다.

남의 부탁을 다 들어주던 '좋은 사람'은 멀리 떠나보내고, 다른 사람을 존중하고 배려하되 할 말은 꼭 하는 '명확한 사람'이 된 후, 따로 말하지 않아도 동료들이 나에게 맞춰주는 선과 기준이 생겼고, 적극적으로 자신의 의사를 표현하는 사람으로 인식되었다.

이는 자신만 생각하는 이기적인 사람이나 상대방에게 무작정 냉정하게 대하는 사람이 되었다는 것이 아니다. 내 진짜 감정과 속마음이 어떤지를 헤아리면서 수용할 수 있는 부탁의 선과 관계의 거리를 명확히 지키게 된 것이다.

착한 아이이자 좋은 사람으로 애썼던 과거의 나보다 명확한 소통을 하며 온전히 나다울 수 있는 현재의 내가 참 좋다. 인간관계나 소통에서뿐만 아니라 이러한 과정을 통해 인생의 전반적인 부분도 명확해지고 있다. 주체적으로 내가 원하는 목표를 세우고, 나다운 행복을 추구하고 행동하는 내가 되었다. 다른 사람의 칭찬과 인정에 목말라 하기보다는 내가 만족할 수 있는지, 나답게 성장할 수 있는지를 고려하며 모든 일을 선택하고 결정한다.

나의 과거와 같은 삶을 살아온 분들이 많을 것이다. 그리고 좋은 사람이라는 역할을 바로 내려놓기는 힘들 것이다. 하지만 인생이 원하지 않는 방향으로 가고 있다고 여겨지거나 인간관계로 힘들어하는 자신을 마주한다면 나처럼 한번쯤은 큰 결단을 내려 보길 바란다.

갈등보다 원하는 목표에 초점 맞추기

'갈등을 어떻게 받아들이고 대처할지는 우리의 선택에 달려 있다.

지금은 방영이 종료됐지만 내가 한때 자주 챙겨보던 프로그램이 있었다. 바로 KBS2에서 방송했던 예능프로그램 〈대국민 토크쇼 안녕하세요〉이다. 이 방송은 다양한 고민을 가진 일반인이 출연해 방송 패널들과 방청객들에게 고민을 털어놓는다. 그중에 기억에 남는 어머니와 아들 사이의 갈등을 소개한다.

먼저 고민을 의뢰한 주인공은 어머니이다. 어머니는 공부를 잘해 성적이 전교에서 10% 안에 들고 반장도 도맡아 했던 착실한 아들이 갑자기 춤에 빠져 성적이 떨어졌고, 심지어 가출도 했다며 고민을 털어놓았다. 어머니는 아들을 이해해보려고 아들이 춤추는 공연장에 가서 응원도 해주고, 댄스부원들에게 맛있는 것도 자주 사줬다. 하지만 아들은 어머니에게 계속 반항적인 모습을 보였고, 둘의 관계는 급격히 냉전 상태가 되었다.

어머니가 아들에게 바라는 것은 춤을 추더라도 공부를 게을리하지 않는 것, 어머니에게 반항하지 않을 것, 서로 간에 선을 지키는 것이었다. 아들은 엄마가 현재 갱년기라 본인이 조금만 의사를 반해서 이야기해도 반항이라고 과민 반응을 하는 것이라며, 본인도 질풍노도인 사춘기를 겪고 있는 중이라 어쩔 수 없었다고 말했다.

엄마와 아들의 갈등은 서로의 입장차에서 발생하고 있다. 엄마와 아들의 경우처럼 사람과의 관계에서 갈등이 생기는 가장 큰 이유는 '상대가 한 말과 행동에 대한 해석의 차이', '누가 옳은가?' 하는 진실 공방, '누구의 잘못이 더 큰가?'를 두고 벌이는 책임 소재 때문이다.

사람과 사람 사이에서 갈등은 필연적으로 발생한다. 엄마와 아들 사이, 친구 사이, 부부 사이, 동료 사이 등 세상에 존재하는 모든 다양한 인간관계에서 마찰이 일어난다. 갈등은 무조건 나쁘거나 피해야 할 것이 아니다. 갈등은 잘만 해결하면 서로를 잘 알 수 있게 한다. 서로의 입장을 이해하게 되는 계기가 되고, 갈등을 극복한 후에 신뢰는 더욱 단단해진다. 서로가 이 상황을 한 걸음 더 뒤로 가서 바라볼 수 있어야 한다. 오히려 이 갈등을 계기로 엄마와 아들은 갱년기와 사춘기라는 서로의 힘든 시기를 함께 극복해 더 단단한 모자 관계가 될 수 있다. 갈등을 지속시키기보다는 서로가 원하는 목표에 도달할 수 있도록 양쪽이 협의할 수 있어야 한다.

각 부서의 사업계획서 자료를 취합하고 있었던 나는 이틀 후까지 자료를 제출해달라고 각 부서에 요청했다. 자료를 요청한 날짜가 되자 다른 부서는 모두 자료를 제출했는데, 한 부서가 제출하지 않았다. 바로 품질관리팀이었다. 품질관리팀 사업계획서를 담당하는 김 과장은 매번 자료를 요청할 때마다 일정에 맞춰서 준 적이 없었다. 한두 번이 아니었기에 나는 감정이 상한 채로 김 과장에게 다가가 말했다.

"과장님! 제가 오늘까지 요청한 사업계획서 자료 아직 작성 안 됐나요? 내일 아침 일찍 공장장님께 취합된 자료를 보고해야 하는데, 과장님 때문에 퇴근도 못 하고 있습니다. 다른 부서는 다 냈는데, 너무 하신 거 아닙니까? 일정을 지키지 않으신 게 이번뿐만이 아니라서 하는 말입니다. 서로 배려했으면 좋겠습니다."

나는 사업계획서 자료를 마감 날짜 안에 주지 않았고, 매번 일정을 지키지 않는다며 김 과장의 잘못을 지적했다. 제시간에 퇴근을 못 한다며 상대를 탓했고, 다른 부서는 모두 제출했다며 다른 팀과 비교를 했다. 상대방을 탓하거나 비교할 때 갈등은 증폭된다. 상대는 미안한 마음을 가지고 있었더라도 자신을 향한 비난과 질책을 받으면 바로 방어모드로 바뀐다. 그 역시 예민하고 날카롭게 맞대응할 가능성이 높다. 서로 자신이 더 힘들다고 힘을 겨루게 되고, 안 그래도 바쁜데 싸우느라 더 지치고 힘이 빠진다.

갈등이 지속되면 어느새 서로가 원하는 것은 뒷전이고, 서로를 비난하고 원망하느라 마음의 생채기만 내며 소중한 시간과 에너지를 고갈시킨다. 서로 힘을 합쳐서 육지로 헤엄쳐 나가면 함께 사는데, 한시가 급한 마당에 서로 살아보겠다고 상대의 머리를 짓누르며 같이 허우적대는 꼴이다. 갈등을 증폭시키기보다는 서로가 만족하는 타협과 해결이 중요하다. 그러려면 현시점에서 각자가 원하는 바가 무엇인지를 깨달아야 한다. 원하는 것을 정확히 표현하고, 긍정적인 행동언어로 부탁해야 한다.

"내일 아침 일찍 임원진들에게 사업계획서 보고를 해야 하는데, 품질관리팀 자료만 아직 못 받아서 걱정스럽습니다. 자료를 취합하고 보고서를 만드는데 시간이 많이 걸려서요. 김 과장님, 정말 바쁘신 줄은 알지만 제가 요청한 자료를 먼저 빨리 받아볼 수 있을까요?"

여기서 '빨리 자료 회신을 받고 싶다'가 나의 궁극적인 목표가 된다. 내가 원하는 목표는 오직 품질관리팀의 자료를 빨리 받는 것뿐이다. 내 기분이 상한다고 굳이 상대를 탓할 필요는 없다. 한시가 급한 이 시점에서 상대를 분노하게 하는 건 결국 내 손해다. 나의 현 상태를 충분히 알리고, 내가 바라는 것을 정확하게 요구하며, 긍정적인 언어로 부탁한다면 김 과장도 미안해하며 최대한 빨리 제출할 수 있도록 협조해줄 것이다. 어느 누구도 상대를 일부러 힘들게 하려는 사람은 없기 때문이다.

또한 자료 회신에 대한 구체적인 시간까지 상대에게 알려주면 좀더 명확할 것이다. '빨리'와 같은 표현은 막연하고 추상적이다. 때로는 '빨리'라는 단어해석 차이 때문에 또 다른 갈등을 낳을 수 있다. 누구는 '빨리'를 1시간이라고 생각하고, 또 누군가는 오늘 퇴근 전까지 라고 생각할 수 있기 때문이다. 품질관리팀의 사업계획서 자료를 받는 것에만 초점을 맞춰 욱하는 감정을 다스리고, 상대의 협조를 구하는 태도로 정확하게 요청하면 문제가 더 빨리 개선되고 해결된다. 다시 한번 말하지만 갈등보다 원하는 것에 초점을 맞추는 것이 훨씬 생산적이고 경제적이다.

혼자 사는 세상이 아니기에 사람 사이의 갈등은 피할 수 없다. 사람은 누구나 불완전하다. 매사 완벽하고 완전한 사람은 없다. 그렇기에 사람과 사람이 더불어 살아가는 모든 관계와 집단 및 사회에서 갈등과 마찰이 있는 건 극히 당연한 일이다. 우리는 갈등을 피하고 싶은 괴로운 일이 아니라, 딛고 일어설 때 크게 성장하는 전환점으로 여길 수 있어야 한다. 갈등을 어떻게 받아들이고 대처할지는 우리의 선택에 달려 있다.

가까운 사이와 먼 사이의 소통 대화법

상대가 생각하는 거리와 내가 생각하는 관계의 거리가 다를 수 있다.

나는 사무실에서 여성 직원들과 업무적인 이야기를 비롯해 지갑을 잃어버렸던 일, 고향 순천에서 친구를 만났던 일 등등 소소한 일상을 공유하며 친하게 지내는 편이었다. 직장동료라고 꼭 선을 지키고 일부러 거리를 둘 필요가 없다고 생각하던 때라 스스럼없이 지내려고 노력했다. 여성 직원들 또한 내 이야기에 즐겁게 반응해 주었고, 사무실 분위기도 훨씬 편안해진 것 같았다.

그러던 어느 날, 나는 그중 한 직원에게 "지영(가명)아, 이번 주말 근무계획 좀 나한테 보내줘"라고 자연스럽게 말을 놓게 되었다. 은연중에 나온 말이라 순간 아차 하며 후회했지만, 그래도 같이 수다도 가끔 떨고 친해진 관계이니 괜찮다고 생각했다. 하지만 그 직원은 갑자기 돌변하며 화를 냈다. "진명 씨! 서로 지킬 건 지킵시다! 우리가 친구도 아니고, 친한 것도 아닌데, 왜 반말을 하시는 거죠?"

크게 당황한 나는 그저 꿀 먹은 벙어리처럼 아무 대꾸도 못 하고 그 자리에서 얼어버렸다. 그 직원의 기분을 나쁘게 할 의도는 전혀 없었다. 하지만 혼자 친한 사이라고 착각하고 관계의 선을 넘어버린 머쓱한 상황이 되어 얼굴이 화끈거렸다. 물론 친하다고 해서 공과 사를 구별하는 것이 필요한 직장에서 같이 일하는 동료에게 반말하는 건 용납되지 않는다. 분명히 나의 행동은 잘못되었고, 안일했다. 나는 진심을 담아 그녀에게 거듭 사과했으나 그 직원은 쉽사리 화를 풀지 않았다. 나는 오랜 기간 이 일로 마음고생을 했다. 나보다 나이 어린 여직원이라고 하대하거나 다른 의도가 있었던 것이 아닌데, 순식간에 무례한 사람으로 오해를 받아 무척이나 속상했다. 하지만 어쩌겠는가. 혼자 친한 사이라고 김칫국을 마시며 방심했던 내 탓인 것을.

또 한 번은 한 직장동료와 친해지고 싶어 반말을 했던 적이 있었다. 나이도 동갑이고, 평소 이야기도 자주 나누는 사이인 데다가 그 상황에서도 별다른 반응을 보이지 않아 격의 없이 지내는 게 더 좋은 줄 알았다. 하지만 이것도 역시 나만의 착각이었다. 그 직장동료는 나의 반말이 신경 쓰였는지 내 직장 상사에게 연락해서 내가 말을 놓는 것이 불편하다는 입장을 전했다. 직장 상사는 내게 "친한 사이도 아닌데 왜 말을 놓았느냐?"고 물었다. 나는 한참을 민망해하며 머리를 긁적거렸다. 직접 이야기를 해주었다면 충분히 알아듣고 시정했을 텐데, 내 직속 상사한테까지 말을 전할 만큼 내가 많이 불편했던 걸까. 혼자 바보가 된 것만 같은 착잡한 기분이 들었다.

이 두 경우 모두 어리숙한 사회초년생일 때 일어난 일이긴 했지만, 이 사건들은 내가 관계를 맺고 있는 사람들과 나와의 거리에 대해 다시 생각해보게 했다. 내가 친하고 가깝다고 생각했던 사람들, 성향이 비슷하고 말이 잘 통해서 더 친해지고 싶었던 사람들이 내 생각과는 다르게 나를 불편해하거나 무례하다고 여길 수 있다는 사실에 크게 놀랐기 때문이다. 그 이후로 나는 누구에게도 먼저 말을 놓지 않는다. 상대도 나를 가깝고 편하게 여길 것이라고 넘겨짚거나 확신하지 않는다. 그저 친해지고 싶은 사람이 있으면 오랜 시간을 두고 신중하게 공들여 소통할 뿐이다.

상대가 나를 생각하는 관계의 거리와 내가 생각하는 관계의 거리가 첨예하게 다를 수 있다. 말을 놓는 것이 어떤 관계에서는 친밀함, 격의 없는 사이로 지내는 편안함으로 여겨질 수 있으나 어떤 관계에서는 어색함이나 불편함, 선을 넘는 무례함으로 여겨질 수 있다. 관계의 거리를 측정하는 것은 생각보다 어렵다. 가깝고 멀고의 기준이 객관화된 수치나 점수로 매겨지는 것도 아니기 때문이다. 상대가 직접적으로 표현하지 않는 한 서로의 소통에서 주고받는 말, 행동, 비언어적 몸짓 등의 정보로 추정해야 한다.

사람에 따라 성향이 다양해서 자신의 의사를 솔직하게 표현하거나 호불호를 직설적으로 드러내는 사람이 있는가 하면, 상대의 기분을 상하게 하지 않으려고 나름대로 예의상 돌려서 말하거나 일단 상대에게 맞춰주려는 노력부터 먼저 하는 사람이 있다.

관계의 거리는 고정된 것이 아니다. 어제와 오늘이 다를 수 있고 외부상황, 마음 상태, 타이밍 등에 의해 언제든 변할 수 있다. 하지만 관계의 거리를 가늠하기 어렵고, 사람마다 소통의 유형이 다르고, 시시각각 변할 수 있다고 해서 손 놓고 있을 수는 없다. 원활한 소통의 지름길은 관계의 거리에 따라 맞춤형 소통을 하는 데 있기 때문이다.

정신분석 전문의 김혜남은 저서 《당신과 나 사이》에서 가족과 나 사이의 거리를 20cm, 친구와 나 사이의 거리를 46cm, 회사 사람과 나 사이의 거리는 1.2m로 구분한다. 거리가 짧을수록 친밀하고 가까운 사이, 거리가 멀수록 낯설고 먼 사이라고 생각하면 된다.

가족이나 오래된 친구처럼 비교적 가까운 사이에서는 속마음이나 고민을 털어놓을 수도 있고, 스스럼없이 친밀하게 지낼 수 있다. 내 생각이나 감정을 솔직하게 드러낼 수 있다. 진심을 담은 조언도 열린 마음으로 수용할 수 있으며, 적극적인 관심과 배려가 고마움으로 여겨질 수 있다. 물론 가까운 사이일수록 친하기에 더 조심해야 하는 사항들도 있다. 아무리 친해도 사생활은 존중해주는 것이 중요하며 가깝기에 당연하게 여길 수 있는 것들을 세심하게 챙겨야 한다.

반면에 처음 보거나 최근에 알게 된 사람, 일로 만난 사람, 조직 생활을 함께하는 회사 동료들, 나와의 거리가 1m 이상인 다소 먼 사람들과 소통 할 때는 기본적인 격식과 예의를 갖춰야 한다. 상대를 존중하고 배려하는 말과 행동 및 꾸준한 태도가 중요하다.

사람에 따라 예민하거나 불편할 수 있는 가족, 연애, 결혼, 자녀 계획, 쉬는 날 스케줄이나 여행 계획 등 사적인 질문보다는 날씨나 사회적 이슈, 공통의 관심사나 취미생활에 관련된 사적인 영역보다 더 큰 틀의 이야기를 하면 된다. 사적인 영역과 공적인 영역의 경계가 모호하거나 상대에 관련된 정보가 많지 않을 때는 먼저 괜찮은지 양해를 구하며 대화를 이어나가거나, 대화 중 염려되는 점을 오히려 상대에게 솔직하게 말하며 반응을 살피는 것이 좋다. 자신을 배려하고 먼저 신중하게 다가와 주는 매너 있는 행동에 상대는 오히려 신뢰감을 가지고 마음을 열 수 있다. 시간이 지날수록 대화도 점차 편안해질 것이다.

적절한 유머를 대화의 윤활유로 사용한다면 어색했던 분위기가 빨리 편안해질 수 있다. 가벼운 농담을 활용하는 것은 어색하고 경직된 분위기를 이완시키고, 즐거운 분위기로 전환하는 데 도움이 된다. 가까운 사이의 관계에서 상황에 따라 적절히 유머를 사용하는 연습을 충분히 해보고, 다소 먼 사이의 관계에서 신중하게 사용하길 바란다. 남녀의 인식 차이, 세대 차이, 직업이나 종교의 차이, 개인의 가치관과 인식 차이 등에 의해 받아들이는 입장이나 각자의 해석이 달라 오히려 역효과가 날 수 있기 때문이다.

이처럼 우리는 가까운 사이와 먼 사이를 구분하여 그 관계에 맞는 소통 대화법을 구사해야 한다. 처음에 사람을 만나거나 관계를 맺을 때는 한 번쯤은 관계의 거리를 생각하며 소통을 하자. 그리고 상대와 나와의 심리적 거리가 얼마나 되는지, 앞으로 어떤 관계로 발전할 수 있는지 분석할 수 있는 관계의 안목을 키우자.

가까운 사이와 먼 사이의 소통 대화법이 다름을 인식하되 언제나 관계의 거리는 바뀔 수 있다는 생각을 열어두자. 상대와 나와의 거리를 고려하는 맞춤형 소통 전략을 꾸준히 연습한다면, 관계를 살피는 혜안과 관계를 꾸준히 이어나갈 수 있는 소통 지구력이 생길 것이다.

소통은 9회말 2아웃 홈런이 아니다

힘들어도 도망치지 마라. 극복하지 못한 일은 계속 따라다닌다.

지난 수년간 나는 회사에서 직장 상사나 동료들과 원활한 관계를 유지하지 못해 힘들었다. 첫 직장에서는 상사와 큰 갈등을 겪고 좌절했으며, 별다른 노력도 하지 못한 채 도망치듯 회사를 그만두었다. 첫 직장과 같은 상황은 절대 겪지 않을 것이라고 다짐하며, 다음 회사에 입사했다. 두 번 다시는 도망치듯 회사를 나오는 사람이 되고 싶지 않았다. 처음 2년간은 큰 문제 없이 회사생활을 했다. 하지만 시간이 흐를수록 첫 직장에서와 같은 상황들이 하나씩 펼쳐지기 시작했다. 직장 상사와 조금씩 부딪치는 일이 많아졌고, 나를 함부로 대하는 동료들이 하나둘씩 늘어나기 시작했다. 일 때문에 출근이 힘든 것이 아니라 사람들이 힘들어 출근이 힘든 괴로운 나날이 계속됐다. 어느덧 나는 두 번째 직장도 나와 맞지 않고 인연이 아닌 것 같다며 회사를 떠날 준비를 하고 있었다.

그러던 어느 날, 책을 읽으면서 한 구절이 마음에 박혔다.

"극복하지 못한 일은 계속 따라다닌다."

내가 지금 이 회사를 떠난다면 잠깐은 힘든 인간관계에서 해방되고 자유로워지겠지만 또다시 회사에 들어가기 위해 더 큰 시간과 노력을 쏟아야 할 것이다. 또한 다음 회사에서도 그런 일이 반복되지 않으리라는 보장도 없다. 내가 함께하고 싶은 사람들만 회사에 있는 것도 아니고, 나에게 함께 일할 사람을 정할 수 있는 선택권이 있는 것도 아니다. 게다가 극복하지 못한 일은 계속 따라다닌다는 저 구절처럼 계속 피하는 상황만 반복된다면, 시간이 갈수록 인간관계에 대한 상처와 두려움을 극복하는 것이 더 어렵지 않을까. 일하지 않고 살 수는 없고, 사람을 만나지 않고 살 수도 없다.

'그래? 그럼 누가 이기나 해보자!'

더 이상 피하지 말고 직면해보자는 결심을 하며 인간관계와 심리, 대화법, 직장생활 처세법 등 소통에 관련된 책을 닥치는 대로 읽기 시작했다. 퇴근하면 다른 일은 모두 제쳐두고, 내 상황에 조금이라도 도움이 될 만한 책을 잠자리에 들 때까지 읽었다. 어떤 날은 눈이 빨개질 때까지 읽으며 꼬박 밤새고 헐레벌떡 출근하기도 했다. 주말에는 마치 입시나 고시 공부를 하듯 치열하게 소통 공부를 했다. 책을 읽으면서 중요한 내용은 밑줄을 긋고, 수첩에 참고해야 할 내용은 필사했다. 관련된 책을 모두 섭렵해나가며, 나는 조금씩 내가 겪어온 일들에 대한 실마리를 풀어나갔다. 특히나 내가 인간관계에서 어려움을 겪을 수밖에 없었던 많은 원인들을 찾게 되었다. 원인을 알자 관계나 소통의 맥락이 보였고, 자연스럽게 누구를 만나도 잘 지내고 싶은 욕심이 생겼다.

물론 책만 읽는다고 갑자기 소통력이 상승하는 것은 아니다. 이론과 실제는 다르고, 세상은 모든 것이 이성적이고 논리적으로 돌아가지 않는다. 소통에 관련된 지식이나 정보가 쌓이고 관계나 상황을 꿰뚫어 보는 통찰력도 생겼지만 빠른 시간 안에 큰 변화가 오지는 않았다. 오히려 처음에는 일은 바쁘고 몸도 피곤한데, 생활 속에서 소통을 실제로 적용해보는 시도까지 하다 보니 모든 것이 버겁다고 느껴지기도 했다. 쉬는 날 푹 쉬어도 피곤한데, 무슨 부귀영화를 누리려고 이렇게까지 복잡하고 피곤하게 사는 걸까? 하는 생각에 그냥 다 멈추고 싶기도 했다. 하지만 슬럼프는 열심히 목표에 매진하는 사람이기에 겪을 수 있는 성장통이다. 슬럼프를 겪기도 하고, 다시금 힘을 내는 반복된 시간을 보낸 끝에 소통전문가가 되기 위한 더 구체적인 노력이 시작됐다.

나의 무의식과 내면을 알기 위해 전문적인 심리 상담을 받았고, 성격유형 검사 도구인 에니어그램도 본격적으로 공부하기 시작했다. 직장인이라면 주말에 쉬거나 여행을 가며 머리를 식히고 재충전한다. 하지만 나는 오로지 소통 공부에 매달렸다. 나에게 조금이라도 도움이 될 만한 세미나, 강연, 모임 등을 모두 나갔다. 에니어그램은 전문가 과정까지 수료했고, 주변 사람들에게 에니어그램 검사를 해주며 고민도 들어주고 맞춤 소통 전략을 짜주는 멘토링까지 하게 되었다. 점차 자료들이 수집되고 정보가 쌓이면서 블로그에 에니어그램에 관련된 내용을 정리하기 시작했다. 배우고 깨달은 것을 바탕으로 에니어그램을 실전에 적용해보기도 했다. 직장 상사와 동료들을 관찰하고 분석하며 몇 번 유형인지 가늠해보았고, 유형에 따라서 어떻게 소통할 것인지에 대한 구체적인 전략도 세웠다. 매번 나의 전략대로 모든 결과가 따라오진 않았지만, 예상했던 것보다 훨씬 많은 도움이 되었다. 사람들과의 관계에서 당황하거나 힘들어했던 일들이 확연히 줄어들었다. 나만의 기준을 세웠고, 소통 매뉴얼을 만들었다. 이 과정을 통해 이제 타인이나 상황에 휘둘리는 것이 아니라 내가 소통의 주도권을 가질 수 있었다. 어느 순간부터 소통이 물 흐르듯 진행되고 있다는 느낌마저 들었다. 감개무량한 변화였다.

이처럼 지난 몇 년간 나는 소통, 인간관계와 씨름해 왔다. 한때 나는 남들은 이렇게까지 인간관계 때문에 힘들어하지 않는 것 같은데, 왜 나만 유독 고생일까? 하는 생각에 내 자신이 한심하게 느껴지곤 했다. 소통 공부를 한다고 해서 고달픈 내 인생이 과연 달라지고 나아질 수 있을까? 하는 불안과 싸워야 했다. 그런데도 내가 포기하지 않았던 이유는 소통 공부를 하면 할수록 나의 고민이나 문제뿐만 아니라 인간관계로 인한 어려움을 호소하는 사람들이 더 눈에 들어왔기 때문이다. 소통에 대해 알면 알수록 그전의 나보다 성장했음을 느낄 수 있었고, 소통하는 힘이 곧 인생을 잘 살아가는 힘이라는 확신이 들었다. 나를 조금씩 바꿔나갔던 소통 공부로 쌓인 지식과 경험을 다른 사람들에게도 나누고 싶었고, 소통력이 상승할 때 삶의 질이 달라짐을 알리고 싶었다. 물론 지금의 내가 모든 인간관계에 통달했고, 저마다의 관계에서 완벽한 소통을 하는 건 아니다. 애초에 그것은 불가능하다. 하지만 나는 적어도 자신감을 얻었다.

회피하지 않고 극복했기 때문에 깨닫게 된 것들이 많다. 극복하는 과정에서 나는 많은 것을 얻었고, 내 삶은 다른 방향으로 흘러갔다. 과거의 상처는 상처로만 머물지 않고, 소통 공부를 하게 되는 전환점이 되었고, 매일 소통 공부로 인한 인생의 변화를 더 많은 사람들에게 널리 알리고 싶어 책을 쓰겠다는 결심을 했다. 소통 공부를 계기로 다양한 인간심리 분야에 관심을 가지게 되었고, 그리는 미래가 달라졌다.

야구에서는 9회말 2아웃에 터진 단 한 방의 홈런으로 드라마틱한 승리를 쟁취할 수 있다. 극적인 홈런이 터지기 전까지 어떤 경기를 펼쳤든 중요하지 않다. 스포츠에서는 오직 정해진 경기 시간 안에 승리하는 결과가 중요하며, 극적인 반전은 얼마든지 있을 수 있다.

하지만 인간관계는 극적인 반전은 없다. 하루하루 거르지 않고 매일 소통 공부를 해야 한다. 소통에 꾸준한 관심을 가지고, 자신과 타인과의 지속가능한 소통을 위해 노력해야 한다. 인생에서 배움이 끝이 없는 것처럼 소통하는 힘을 단련시키는 일상도 계속되어야 한다. 인간관계의 고충만 해결되어도 일상과 인생의 활력이 다르다. 더 가치 있고 중요한 것에 집중할 수 있고, 소중한 나의 시간과 에너지를 아낄 수 있다. 매일 소통 공부를 해온 나는 지금의 내가 그 어떤 때보다 만족스럽고 행복하다. 소통을 잘하지 못해 모든 것이 미숙하고 두려웠던 예전의 나로 돌아가고 싶지 않아 매일 스쿼트로 근력을 유지하듯 매일 소통 공부를 이어나가고 있다. 앞으로도 소통력을 강화할 수 있는 새로운 시도와 도전을 거듭할 것이다.

4장

관계의 두려움에서
탈출하는
'매일 소통 공부'

"운명은 그 사람의 성격에 의해서 만들어진다. 그리고 성격은 그 사람의 일상생활의 습관에서 만들어진다. 그러기 때문에 오늘 하루 좋은 행동의 씨를 뿌려서 좋은 습관을 거두어들이도록 해야한다. 좋은 습관으로 성격을 다스린다면 그 때부터 운명은 새로운 문을 열 것이다."

_데커

출근 전 10분이 하루를 결정짓는다

평소에 길들지 않은 새로운 습관을 만드는 것은 쉬운 일이 아니다.

"K 사원과 유진명 대리, 2명이 우리 회사에서 가장 에너지가 넘치고 표정이 살아있다."

내가 근무하고 있는 회사에 새로 부임해 오신 공장장님께서 직원들을 회의실에 모아놓고 첫인사를 나눌 때 하신 말씀이다. 나는 이 말을 듣고 갑자기 언급된 내 이름에 깜짝 놀라기도 했지만 내심 기뻤다. 30년 넘게 회사생활을 하면서 산전수전 다 겪어내신 공장장님께서 처음 본 나를 칭찬해 주시니 감개무량할 뿐이었다.

K 사원이 에너지가 넘치고 표정이 살아있다는 말을 들은 것은 당연한 것인지도 모른다. 입사한 지 얼마 되지 않은 신입사원이기 때문이다. 신입사원 때는 누구나 다 배우고자 하는 의욕과 열정이 넘친다. 업무가 익숙하지 않아 긴장하긴 하지만, 업무에 대한 권한이나 책임이 아직 많지 않아 스트레스도 상대적으로 덜하기 때문이다.

나의 신입사원 시절을 생각해보면 직장에 잘 적응하고 싶어서 의욕이 넘쳤다. 상사와 동료들에게 인정받고 싶어 열정적으로 일을 배웠다. 누구든 마주치면 밝은 표정으로 인사하려고 노력했고, 모든 것이 새롭고 배울 것이 많아 회사를 출근하는 것이 재밌기도 했다. 그랬던 내가 어느덧 10년 차 직장인이 되었고, 에너지가 넘치고 표정이 살아있다며 신입사원인 K와 함께 내가 언급되다니, 놀라운 일이었다.

직장인은 보통 3년에서 5년 차로 넘어가면 하는 일에 익숙해지면서 열정도 줄어들고 매너리즘에 빠지는 게 대부분이다. 맡은 업무의 범위가 점점 확장되고, 업무 강도가 높아진다. 책임질 일이 더 많아지고, 야근도 잦아진다. 어느새 집과 회사가 전부인 직장인이 되어버린다. 게다가 상사와 동료들과의 의견 차이와 소통 문제로 인한 인간관계 스트레스도 이만저만이 아니다. 신입사원 때의 열정과 활력은 고스란히 사라지고, 매일 반복되는 바쁜 일상 속에 근심 어린 무표정만이 남는다. 나는 10년 차 직장인이지만 지친 표정을 보이지 않는다. 연륜 높은 공장장님께 K 사원과 함께 표정이 살아있는 직원으로 함께 불린 이유는 바로 '매일 소통 공부'에 있다. 정확히 말하자면, 매일 아침 출근 전 10분 동안 내가 꾸준히 하는 행동에 그 비밀이 숨어있다.

약 2년 전이었다. 우연히 집어든 책 한 권이 매일 분주하고 정신이 없었던 나의 출근 전 풍경을 완전히 바꿔 놓았다. 그것은 바로 10분이라는 시간의 위대함을 알게 해준 임원화 작가의《하루 10분

독서의 힘》이다. 나는 당시 직장 상사와 소통이 잘되지 않아 심각한 갈등을 겪고 있었고, 직장생활에 상당한 스트레스를 받고 있었다. 하루에도 수십 번 회사를 그만둘 결심을 했고, 아침에 일어나 출근하는 일이 너무나 고통스러웠다.

힘든 상황에서 책을 읽다 보니 저자가 하는 이야기 중 많은 부분이 마음에 와닿았다. 특히 저자가 대학병원 중환자실 간호사로 3교대 근무를 하면서 직장생활 속 인간관계로 힘들어했던 신규간호사 시절의 이야기에 깊은 공감과 위로를 받았다. 그녀는 극단적인 선택을 생각할 정도로 고달픈 직장생활을 했지만 몰입독서의 힘으로 위기를 극복했고, 자신이 그토록 바라던 꿈까지 이루었다. 나는 저자가 실천했던 방법 그대로 매일 출근하기 전 평소보다 일찍 일어나 10분 동안 몰입독서를 시작했다.

출근 전 10분 동안 몰입독서를 통해 나 자신에게 긍정적인 동기부여를 심어주니 나도 모르게 자신감이 솟아올랐다. 회사에 출근하기 두렵고 불안한 마음이 예전보다 많이 줄어들었고, 상사와의 관계나 소통도 서서히 나아졌다. 나와 비슷한 저자의 상황에 깊이 공감하며 저자의 행동을 따라 했을 뿐인데, 내 삶이 긍정과 충만으로 조금씩 채워졌다.

몰입독서를 시작한 지 2달 뒤, 아침 독서 습관이 익숙해지면서 나는 명상도 시작했다. 명상은 혼자만의 고요한 시간을 가지며 내면과 소통하는 시간이다. 출근 전 명상을 하면서 내가 지금 어떤 느낌이 드는지, 어떤 기분인지, 몸의 반응은 어떤지 나 자신에게 물어보거나 관찰했다.

5분 정도를 고요하게 나 자신을 마주하고 나서 명상 음악의 도움을 받아 상사가 웃는 얼굴로 나를 대해주고 있는 모습을 상상했다. 내가 해야 할 일도 성공적으로 끝나서 칭찬받는 모습을 시각화했다. 오늘 업무상 만나야 할 동료들의 얼굴도 떠올려 보며 서로 웃으며 협력하는 모습을 상상한다. 이 과정을 거치면 입가에 저절로 미소가 지어졌다. 말하자면 '소통 명상'이다. 매일 출근 전 명상을 하고 회사에 출근하는 날이면, 실제로 내가 시각화했던 장면들이 눈앞에 펼쳐지는 경우가 많았다. 나 자신과 매일 소통하면서 내 감정과 마음을 돌볼 수 있었고, 내 감정이 차분해지자 어떤 상황이라도 받아들일 수 있는 마음의 여유도 생겼다. 내가 원하는 대로 오늘 하루의 모습을 상상하는 소통 명상을 습관화하자 기적처럼 상사와의 갈등이 줄고, 동료들과의 관계가 편안해졌다.

점차 이 루틴에 익숙해지자 나에게 집중하는 고요한 시간이자 오늘 예상되는 하루를 그리며 소통 명상을 하는 30분의 시간으로 발전했다. 이 루틴을 꾸준히 유지할 수 있는 이유는 출근 전 10분에 의해 하루의 첫인상이 결정되는 원리를 알았기 때문이다. 어쩌다 늦잠을 자서 이 과정을 생략할 수밖에 없었던 하루는 정신없이 시작되는 하루였기에 정신없이 끝이 났다. 피곤하고 귀찮아서 '하루쯤 괜찮겠지.' 하며 미루고 출근하는 날이면, 루틴을 하고 출근하는 날에 비해 하루의 활력과 집중력이 현저히 떨어졌다. 한 마디로 소통 명상을 실천한 날과 그렇지 않은 날의 하루의 질이 너무도 달라 꾸준히 할 수밖에 없었다.

평소에 길들지 않은 새로운 습관을 형성한다는 것은 쉬운 일이 아니다. 더군다나 출근하기에도 바쁜 아침 시간에 무언가를 한다는 것은 더더욱 그렇다. 나도 소통 명상으로 자리 잡기까지 3개월이 넘는 시간이 걸렸다. 회사에 대한 스트레스가 심해서 아침에 천근만근 무거운 몸으로 일어나고 있다면, 출근 전 10분이 하루를 결정지을 수 있다는 생각으로 시도해보기 바란다. 하루를 시작하는 워밍업이라 생각하고, 단 10분이라도 출근 전 자신을 위한 시간을 고요히 가져보자. 꼭 나처럼 독서나 명상이 아니라 가벼운 스트레칭을 한다거나 차를 마시는 것도 좋다. 심신에 안정을 주는 음악을 듣는 것도 좋고, 아침 산책을 하는 것도 좋다. 또한 거울을 보며 밝은 표정으로 미소 지어보거나 오늘 하루를 보낼 나 자신에게 힘을 주는 말을 해보는 것도 소통력이 충만한 하루를 보내는 데 도움이 된다.

하루 3번 내 마음을 읽는 시간 갖기

우리가 느끼는 감정을 있는 그대로 허용하면서 인정해주어야 한다.

'무의식과의 대화'라는 주제로 전문가에게 일대일 상담을 받았다. 나는 내 안에 거칠고 센 아이, 착한 어른 남자, 웅크린 아이의 마음을 가지고 있는 3가지 무의식을 보았다. 상담사는 이 3가지 무의식이 현재 내가 가진 가장 큰 무의식이라고 했고, 이외에도 수많은 무의식이 있다고 했다. 나뿐만 아니라 모든 사람들이 본인이 의식하지 못하는 수많은 무의식의 마음을 가지고 있다고 했다.

날아갈 듯 즐겁다가도 갑자기 우울해지고, 버럭 화를 내다가도 불현듯 두려움에 휩싸이는 불완전한 우리의 마음. 복잡다단한 시대의 흐름과 무한경쟁의 궤도 속에 놓인 현대인이기에 자신을 보호하기 위한 방어기제와 자신에게 내재된 무의식의 세계를 알고 싶은 사람들이 많아지고 있다.

나는 상담을 받은 계기로 내가 그동안 직장 상사나 동료들이 나를 함부로 대해도 꿀 먹은 벙어리처럼 아무 말도 하지 못했는지, 왜 용기 내어 나의 주장을 당당히 말하지 못했는지에 대한 의문을 풀 수 있었다. '착한 어른'이라는 무의식의 마음이 '거칠고 센 아이'의 무의식의 마음을 눌러 버렸기 때문이다.

억눌린 무의식의 마음은 사라지지 않고 계속 우리를 괴롭힌다. 나는 겉으로는 착하고 친절하게 행동했지만 한편으로는 남들에게 있는 힘껏 화도 내고, 당당하고 명확하게 나의 의견을 내세우고 싶었다. 강력하게 자기주장을 하고, 자신의 목소리를 크게 내는 사람들처럼 남들이 나를 함부로 대하지 못하게 기운이 센 사람이 되고 싶었다.

착한 사람으로 행동할 때마다 나의 이런 감정과 욕구들이 계속 차올랐다. 꾹꾹 억눌려있던 거칠고 센 아이의 무의식이 줄곧 내게 보내온 신호였다. 나를 좀 봐달라고 울부짖는 아이가 내 안에서 요동치다가 결국 울다 지쳐 쓰러지기를 반복했다. 강하게 억눌린 감정은 강한 카르마를 형성하는 법이다. 감정을 억누르는 것은 더 큰 화를 키울 수 있다.

무의식의 마음을 억누르지 않고 의식의 표면으로 끌어올리려면, 우리가 느끼는 감정을 있는 그대로 허용하면서 인정해주어야 한다. 감정이 올라오면 내면의 목소리에 귀를 기울이고, 왜 이런 감정이 올라왔는지 스스로 헤아려보는 것이 필요하다.

감정에 관심을 가지고, 감정을 들여다보는 연습을 하는 것만으로도 지금 가지고 있는 고민과 걱정이 자연스럽게 풀리거나 해결되는 경우가 많다.

얼마 전 "엄마~ 엄마~"하고 울면서 다급하게 엄마를 뒤쫓아 가는 꼬마 아이를 보았다. 얼마나 서럽게 악을 쓰며 크게 울던지 아파트 단지 전체가 아이의 울음소리로 뒤덮일 정도였다. 자기를 봐달라고 서럽게 울던 아이를 엄마는 뒤도 돌아보지 않고 외면한 채 걸음을 재촉하고 있었다. 아이의 울음소리는 더 커졌고, 엄마를 뒤따라가는 아이의 발걸음도 더욱 초조해졌다. 그 광경을 보고 있자니 나는 그 아이가 불쌍하고 가엾게 보여 눈을 뗄 수 없었다. 울고 있는 아이를 외면하며 바쁘게 걸어가는 엄마를 보니, 꼭 내 무의식에 존재하는 거칠고 센 아이를 모른 척 무시하며 감정을 억누르기 바빴던 내가 떠올랐다. 물론 엄마가 무작정 떼를 쓰는 아이를 단호히 훈육하는 상황이었을 수도 있다. 하지만 특별한 경우가 아니라면 우는 아이를 모른 척 무시하기보다는 왜 우는지 관심을 가져주고 물어봐야 한다. 아이에게도 나름대로 그럴만한 이유가 있기 때문이다.

부모가 우는 아이의 말을 들어주고 감싸 안아주면 아이는 자신의 감정을 존중받고 자신의 존재가 받아들여지는 안정감을 느껴 울음을 그치게 된다. 이처럼 우리의 무의식의 마음과 현실에서의 감정도 마찬가지다. 우는 아이를 달래듯 관심을 가져주고, 이유를 들어주고, 감싸 안아주어야 한다. 그 감정의 존재가 있는 그대로 인정받고 수용될 때 억눌린 감정은 비로소 해소된다. 마음은 보듬어진 경험에 의해 점차 안정감을 느끼게 된다.

나는 직장 상사와 원활하지 않은 소통 때문에 큰 갈등을 겪었고 그로 인해 불안, 회피, 무기력, 불면증, 강박증 같은 다양한 심리적 문제를 겪어야 했다. 전문가를 찾아가 심리 상담을 받고, 유명 한의원을 찾아다니며 약을 지어 먹어도 급한 증상만 잠시 해소될 뿐 근본적인 심리적 문제는 해결되지 않았다. 나아지는 것 같다가도 다시 불안 증상이 계속 반복되었다. 전문가와의 상담이나 증상을 조절하는 약은 응급한 상황을 해결하는 도구일 뿐, 스스로 치유하고자 하는 노력이 필요함을 느꼈다.

몇 년간 나를 괴롭혀왔던 심리적인 문제로부터 해방될 수 있었던 가장 큰 이유는 매일 하루 3번 내 마음을 읽는 시간을 가진 습관 때문이었다. 출근 전 가장 많이 들었던 마음은 '출근하기 싫다!'였다. 나는 출근하기 싫다는 내 마음에 넌지시 말을 걸어본다.

'왜 출근하기 싫은 마음이 드니?'
'매일 화만 내는 상사가 보기 싫어!'
내 마음이 답을 한다.
'아, 그렇구나. 상사가 보기 싫구나. 그래 맞아. 매일 상사가 화만 내는데 출근하기 싫은 게 당연하지.'
마음을 인정하고 보듬어준다.
"그래! 진명아 이렇게 출근하기 싫은데도 인내하면서 출근하는 네가 정말 대단하다!"

거울을 보며 소리 내어 말해본다. 따뜻한 격려의 말을 스스로에게 해주며 내가 바라는 오늘 하루의 모습을 선언하듯 외쳐보기도 한다. 그 순간 출근하기 싫다는 마음보다는 '오늘 하루도 잘 지내보자'라는 마음이 생긴다. 불안과 걱정이 작아진 자리에 오늘 하루를 어떻게 해야 잘 보낼 수 있을지를 구상하는 내가 자연스럽게 채워진다. 법륜스님은 촉새 물레방구 뒷궁디 흔들 듯 사람의 마음은 하루에도 수십 번 변한다고 했다. 대부분의 사람들은 직장에서 바쁘게 일을 하고 있고, 맞벌이 부모들은 일하며 아이들까지 돌보아야 한다. 감정을 헤아리고 마음만 돌볼 여유가 거의 없다. 그래서 나는 일상생활에 방해가 되지 않는 선에서 하루에 3번 정도 마음읽기를 해보라고 권한다.

나는 주로 아침 출근 전 10분, 점심 먹고 10분, 잠들기 전 10분으로 하루 3번 각 10분씩 총 30분 정도의 내 마음읽기 시간을 갖는다. 마음읽기를 할 때 주의해야 할 사항은 딱 두 가지다. 아주 잠시라도 혼자 조용히 집중할 수 있는 장소에서 해야 한다는 것이며, 매일 꾸준히 최소 3개월 정도는 해야 한다는 것이다.

마음을 읽는 방법은 다양하다. 거울 앞에서 자신의 모습을 바라보며 할 수도 있고, 일기를 쓰면서 할 수도 있다. 명상을 하면서 해도 좋고, 조용히 혼자서 산책을 하면서 해도 된다. 여러 가지 방법을 시도해보고 자신에게 가장 맞는 방법으로 지속하면 되는데, 나는 위에서 언급한 방법들을 다양하게 적용한다.

예를 들어 아침 출근 전에 거울을 보는 시간을 가지거나 명상을 주로 한다. 바쁠 때는 운전을 할 때 잠깐 머리를 비우고 명상 음악을 듣는 것으로 대체하기도 한다. 점심을 먹고는 회사 옥상에 올라가 탁 트인 전망을 보며 잠깐 명상 시간을 갖거나 하늘을 올려다본다. 여유가 있는 날이면 소화도 시킬 겸 가벼운 산책을 즐기기도 하고, 바쁠 때는 화장실에 가서 평소보다 길게 머무르며 의식적으로 느림이나 멈춤의 순간을 갖고자 한다. 자기 전에는 주로 소통 일기를 쓰지만 피곤할 때는 깊은 심호흡을 하고 잠드는 것으로 대체하기도 한다. 이렇듯 정해진 방법은 없다. 상황에 맞게 하면 된다.

하루에 3번 정도 하던 일을 멈추고, 지금 이 순간을 의식하며, 내 마음을 읽는 시간을 가질 때 많은 변화가 일어난다. 순간 감정이 욱 하고 올라오는 상황을 예방할 수 있고, 주기적으로 마음이 쉴 수 있는 시간을 가질 수 있어 평정심을 유지할 수 있다. 감정이 차분하고, 마음이 편안하면 어떤 변수가 생겨도 여유 있게 그 상황을 대한다. 감정이 동요될 수 있는 타인의 말도 조금은 뭉툭하게 들을 수 있고, 스스로에게 도움이 되지 않거나 불필요한 말과 행동을 거를 수 있는 현명함도 생긴다. 이 습관으로 단기적으로는 근본적인 심리 문제를 치유할 수 있고, 장기적으로 소통력이 강화되어 단단하고 명확한 내가 될 수 있다.

상대방과 나의 소통 온도차 줄이기

아무리 가까운 관계라도 하나부터 열까지 모두 제각각 다르다.

나와 아내는 주말부부였다. 나는 직장이 아산에 있었고, 아내의 직장은 청주에 있었다. 아산에서 청주까지는 차로 1시간 남짓한 거리였다. 우리는 의논 끝에 주말부부를 선택하기로 했다. 신혼인데 주말에만 아내를 보는 것이 아쉬웠던 나는 평일에도 일찍 퇴근하는 날이면 꼭 아내를 보러 청주에 갔고, 아내는 크게 내색하지 않았지만 내심 좋아하는 듯했다.

그러던 어느 평일이었다. 그날은 회사에서 유달리 상사에게 많이 시달리고 일이 쉴 틈 없이 이어진 날이라 극도의 피곤함이 몰려오던 날이었다. 그래도 아내를 보겠다는 의지로 자꾸 감겨오는 눈을 비벼가며 청주로 갔다. 청주에 도착하니 긴장이 풀리면서 몸은 더 무거워졌다. 온몸의 에너지를 다 써버린 기분이었다. 완전히 방전된 것이다. 그런데 갑자기 "당신은 나를 보러 와서 꼭 그렇게 힘든 표정을 지어야겠어?"라며 아내가 짜증을 냈다. 예상치 못한 아내의 말에 나 역시 화가 났다. "회사에서 스트레스받고 운전까지 하고 와서 힘들어! 그런 것도 이해 못 해?"라며 반박했다. 아내는 다시 "당신만 힘들어? 나도 아이들 상대하고 가르치느라 힘들어! 다른 남자들은 청주에서 천안까지 출퇴근하면서도 멀쩡하던데 평일에 한 번 오는 거 가지고 이렇게 힘들어해?"라며 날카롭게 반응했다.

아내가 갑자기 짜증을 내는 상황에 적지 않게 당황했지만, 무엇보다 나를 다른 사람과 비교하는 말을 하는 순간 어떤 말도 할 수 없었다. 우리는 서로 유달리 피곤하고 힘들었던 하루가 겹쳤을 뿐인데, 서로 누가 더 힘든지 경쟁하는 사람처럼 예민한 말을 쏟아냈다.

회사에서 스트레스를 받아서 힘들었다는 내 말은, 이미 녹초가 된 내 모습을 보고 덩달아 힘이 빠져버린 아내에게 전달되지 않았다. 이미 놀라고 얼어버린 나 역시 아내가 아이들 때문에 고단한 하루를 보냈다는 말을 받아들일 여유가 없었다. 그날 우리는 불편한 침묵을 유지하는 저녁을 보내야 했다.

소통의 온도 차이가 가장 심한 사이는 아무래도 부부관계가 아닐까 싶다. 서로 각자 다른 환경에서 오랜 시간 자라왔고, 남녀의 기본적인 생각 차이가 있는 데다가 직장처럼 직급이나 서열에 따른 소통의 형태가 있는 것도 아니다. 부모나 자식 관계처럼 한 쪽이 내리사랑으로 품어주거나 자식 된 도리를 갖출 수 있는 입장도 아니다.

새 신발을 신을 때 아무리 편한 신발이라도 첫날은 익숙하지 않아 발뒤꿈치가 까지거나 물집이 잡혔던 경험이 누구에게나 한 번쯤은 있을 것이다. 발만 접촉하는 신발도 그러한데, 하물며 서로 다른 남이 만나 한 가정을 형성해 함께 생활한다면 어떨까? 서로 부딪히면서 오는 마찰과 갈등은 참 쓰라리고 아플 것이다. 계속 마찰이 이어지면 기어코 피를 보게 하는 새 신발처럼 서로의 소통 온도 차가 커서 마음의 상처를 주게 되는 일이 많다.

이제 막 결혼한 상태였던 우리 부부는 각자의 자아가 강한 상태였지만 상대의 자아가 어떤지를 파악해가는 시간이 부족했다. 아마서로 계속 부딪힐수록 날카로운 모서리는 뭉툭해질 것이다. 아주 뜨겁거나 차가운 온도 대신 먹기 좋을 만큼의 따뜻한 온도를 서로에게 맞출 수 있을 것이다.

우리는 상대가 가깝고 편할수록 바라고 기대하는 것이 많아진다. 처음에는 너무나 고맙고 감동했던 것들이 시간이 지날수록 당연해지거나 익숙해진다. 처음에 내가 평일에 한 번 정도를 아산에서 청주로 갔을 때 아내는 내심 기뻐했고 고마워했다. 나 역시 아내의 그런 모습에 청주로 가는 길이 피곤함보다는 설렘으로 가득했다. 하지만 시간이 지날수록 조금씩 당연한 일과가 되면서 서로의 컨디션과 입장을 배려할 수 없는 날이 왔다. 이러한 상황은 아무도 예측할 수 없다. 하지만 극에 치닫는 갈등까지 가지 않거나 이보다 개선된 형태의 소통을 할 수는 없었을까?

만약에 정말 피곤한 날에는 무리해서 청주로 가지 말고 아내에게 나의 컨디션과 회사에서 있었던 상황을 잘 설명한 뒤 집에서의 휴식을 취했다면 어땠을까. 보통 사람들은 자신의 힘든 상황을 언급하는 걸 어려워하지만, 평소 약속을 지키려고 노력하거나 성실히 모든 일에 임해온 사람이라면 상황을 솔직히 털어놓고 이해를 구하는 편이 낫다. 침착한 상태에서 상대의 힘든 입장을 들을 때 웬만한 사람들은 어떻게든 이해하고 도움을 주려고 한다. 아마 아내도 그랬을 것이다.

아내의 입장에서는 자신도 유독 힘들었던 날이기에 남편과 맛있는 저녁 식사를 하면서 모처럼 충전하는 시간을 보내야겠다는 기대감이 있었을 것이다. 그런데 이미 녹초가 되어버린 내 모습을 보자마자 기대감은 실망으로 바뀌었을 것이다. 서로가 특히 힘들었던 하루라는 상황을 모르는 상태에서 아내가 먼저 짜증을 냈고, 그 짜증을 내가 화로 받아치면서 불에 기름을 부은 격이 되었다.

지금 생각해보면 그런 것도 이해 못 하냐는 식으로 탓하기보다는 조금은 침착하게 나의 하루를 설명할 수 있었다면 상황이 그렇게까지 악화되지 않았을 것이다. 아내도 내 이야기에 마음을 열고 자신의 힘들었던 하루를 말해주었을 것이고, 짜증부터 내서 미안하다고 사과했을 것이다. 물론 다른 사람과 비교하는 말도 하지 않았을 것이다.

부부 사이에서 가장 큰 상처가 되는 것은 서로를 탓하고 평가하는 태도와 다른 사람과 비교하며 질책하는 것이다. 이런 대화는 소통 온도 차이를 급격히 높여 갈등을 더욱 고조시킨다. 관계에 있어서 소통 온도 차이를 파악하는 것은 매우 중요하다. 물이 아주 차갑거나 너무 뜨거우면 마시기 힘든 것처럼 소통에서도 적당한 온도 조절은 필수다. 우리 부부의 갈등상황을 예로 들었지만 부부 관계를 포함한 그 어떤 관계라도 마찬가지다. 나와 상대방 사이에 소통 온도를 적절히 맞추며 대화하는 것이 중요하다.

상대가 너무 뜨거운 상황이라면 내가 한 걸음 양보해서 식혀줄 줄도 알고, 상대가 너무 차가운 상태라면 한 걸음 더 다가갈 수 있어야 한다. 물론 어떤 경우에는 상대에게 충분한 시간을 주거나 진정될 때까지 기다려주어 스스로 식혀지고 스스로 녹는 상황이 되게 할 수도 있다.

나와 상대와의 소통 온도를 맞추기 위해서는 소통 온도 차이가 왜 생겼는지를 파악해야 한다. 소통 온도 차이가 생기는 가장 큰 이유는 사람마다 자라온 환경, 성격, 가치관, 공감 능력, 현재 처해있는 상황 등이 다르기 때문이다. 사람은 아무리 가까운 관계라도 하나부터 열까지 모두 제각각 다르다. 나와 다른 사람이기에 의견도 다르고, 생각도 다르고, 행동도 다름을 시시각각 인식할 수 있어야 한다.

다음으로는 상대와 나의 소통 온도 차이가 얼마인지를 파악해야 한다. 성향과 상황으로 예를 든다면 상대가 말하기를 좋아하는 사람이라면 공통된 관심사를 꺼내 상대와 내가 주고받는 대화를 한다면 원활한 소통이 될 것이다. 하지만 말수가 적은 상대라면 분위기를 자연스럽게 하는 최소한의 말을 하며 상대의 이야기에 조금씩 보조를 맞춰주는 소통이 좋을 것이다.

상대의 기분이나 컨디션을 살피고 배려하면서 소통의 텐션과 밀도를 조절하는 것이 좋다. 원래 활발한 사람인데 오늘은 유독 기분이 다운되어 있다면 그에 맞게 대화의 온도를 맞춰주고, 조용하고 내향적인 사람인데 오늘따라 기분이 좋아 보이거나 자신의 의사 표현을 적극적으로 한다면 그에 적절히 반응해주는 것이다. 그리고 소통 온도를 잘 맞추기 위해서는 상대의 표정이나 말투, 말의 어감, 행동이나 기분 변화 등을 세심하게 관찰하는 것이 좋다. 상대의 표정이 점점 굳어지거나 말수가 급격히 줄면서 말투에 날이 서 있는 것처럼 느껴진다면 서로의 소통 온도 차이가 커지고 있다는 신호이다.

상대와 나의 소통 온도 차이가 파악됐다면 온도 차를 좁히기 위한 노력을 해야 한다. 가장 좋은 방법은 상대의 입장에서 바라보는 것이다. 갈등이 일어나기 전이라면 갈등을 예방할 수 있을 것이고, 갈등이 일어난 후에 실행한다면 갈등을 해결하는 구심점이 될 것이다. 상대의 눈으로 바라보면 갈등은 마법처럼 풀린다. 문득 어느 한의원 원장님의 말씀이 떠오른다.

"차가운 컵에 뜨거운 물을 부어서 컵이 깨진다면, 범인은 뜨거운 물이나 컵이 아니라 물을 부은 자신입니다"

욱하는 감정 조절을 위한 3가지 제언

자신이 화가 난다면 남 탓으로 돌릴 것이 아니라 화가 나는 자신을 봐라.

인간이 동물과 구별되는 점은 생각과 상상을 할 수 있는 것, 감정을 표현하고 말할 수 있는 것이다. 인간은 감정의 동물이다. 인간이라면 누구나 기쁨과 노여움, 슬픔과 즐거움 같은 희로애락의 감정을 영위한다. 물론 감정의 스펙트럼은 희로애락이라는 한 단어로 한정되지 않는다. 감정을 지칭하는 단어와 정의는 무수히 많다.

만약에 인간에게 감정이 없다면 어떻게 될까? 사랑하는 사람에게 온전하고 충만한 사랑을 느낄 수 없을 것이다. 사랑하기에 부수적으로 느낄 수 있는 질투, 증오, 분노, 슬픔, 그리움 등의 다양한 감정 또한 느낄 수 없다. 일상에서 얻는 소소하지만 작은 행복도, 인생에서 길이 기억되는 놀라운 기쁨과 감동도 모두 감정이 있기에 느낄 수 있다.

수많은 감정 중에서 분노는 인간의 생존에 필수적인 감정이다.

원시시대에 인간은 맹수나 타 부족으로부터 자신들의 생명을 지키기 위해, 인간을 보호하는 힘과 용기를 키우기 위해 분노를 활용해 왔다. 원시시대부터 생존을 위해 분노를 느끼며 진화해 온 인간은 맹수나 타 부족의 위협이 없어진 현대사회에서도 여전히 자신을 보호하기 위해 분노를 사용한다. 현대사회에서 분노는 원시시대처럼 생존 그 자체를 위한 도구이기보다는 상대와의 싸움에서 우위를 차지하려고 하거나, 자신이 원하는 방향으로 상대를 통제하기 위해 사용된다. 또한 상대에게 휘둘리지 않고 자신을 보호하는 데 쓰이기도 한다.

분노는 자신을 보호하려는 목적 외에도 다양한 이유가 있다. 힘든 상황을 참고 감내해오면서 쌓인 스트레스 해소, 상대에 대한 복수, 원하는 대로 되지 않는 상황에 대한 좌절과 실망감 등을 분노의 형태로 표출하는 것이다. 분노는 기쁨, 사랑, 슬픔 등과 같이 인간의 자연스러운 감정 중 하나이기에 그 자체로는 나쁜 것이 아니다. 하지만 분노는 일반적으로 공격적인 행동을 동반하여 상대에게 피해를 줄 수 있고, 적절하게 조절되지 않는다면 대인관계에 좋지 않은 영향을 미친다. 그래서 서로 다른 사람들이 모여 공동체 생활을 하는 모든 상황에서 분노를 조절하고 감정을 다스리는 것은 매우 중요하다. 그렇게 하지 못한다면 직장생활을 비롯한 사회활동에 제약이 걸리거나 위기가 올 수 있다. 가정을 꾸리고 결혼생활을 유지하는 데도 지장을 받는다.

앞에서 여러 번 언급했지만, 분노를 말할 때 등장하지 않을 수 없는 인물이 있다. 바로 내 삶을 매일 소통 공부로 이끈 장본인이자 나를 단단하게 만들어준 인생의 스승인 나의 직장 상사들이다. 그들처럼 욱하는 성격을 가진 사람들은 대체로 목소리가 크고 직설적이기 때문에 다른 이들에게 회피의 대상이 된다. 다른 사람의 이야기를 듣기보다 자신의 주장을 강요하는 일방적이고 강압적인 의사소통이 많아 대인관계에 문제가 생긴다.

욱하는 분노의 감정은 표현하면 할수록 더 커진다. 많이 사용하는 근육이 발달하듯 많이 사용하는 신경회로도 그러하다. 분노를 표현할수록 분노와 관련된 신경회로가 발달하며, 작은 것에도 화를 내고 걸핏하면 욱하는 경우가 많아진다. 결국 사소한 것에도 분노하는 감정 상태가 익숙한 습관이 되고, 비슷한 상황이 될 때마다 분노를 표출하는 것이 반복된다. 분노를 적절히 조절하지 못한다면 타인과의 관계를 계속 악화시킬 뿐만 아니라 본인에게도 스트레스 호르몬이 분비되어 자신도 모르게 자신을 병들게 한다.

감정 조절은 모든 인간관계를 맺고 유지하기 위한 필수 능력이다. 욱하는 감정만 조절해도 사람들과의 관계와 소통이 한결 편안하고 원만해진다. 욱하는 감정이 들 때 딱 3초간 멈춰보자. 이 세 가지 중 한 가지라도 상황에 맞게 적용해 보자.

첫째, 분노가 일어날 때 다음과 같은 질문에 먼저 답을 한 뒤에 화내는 연습을 한다. '내가 이 상황에서 화를 내는 것이 적절한가?' '화를 내면 이 상황이 긍정적으로 바뀔 수 있는가?' 이러한 질문에 먼저 답을 내려 보는 것이다. 적절하지 않고 합당하지 않은 분노는 결국 아무것도 변화시킬 수 없다. 이 사실을 깨닫는 것만으로도 우리는 조금씩 변화할 수 있다. 중요한 업무에서 부하가 실수했을 경우로 예를 들어보자. 많은 상사들이 실수한 부하에 대해 욱하는 분노를 느낀다. 이때 위에서 제시한 질문에 답을 해본다면 '내가 지금 화를 내봤자 부하가 실수한 업무가 없어지는 게 아니다. 수습해야 하는 이 상황에서 내가 화를 내는 것은 오히려 내 감정과 에너지가 흔들리고, 팀 분위기가 얼어붙게 되어 문제해결에 도움이 되지 않는다'라는 결론이 나온다.

물론 화가 날 수밖에 없는 상황에서 이런 질문과 답을 한다는 건 무척 어렵다. 하지만 비슷한 상황이 반복될 때마다 인식하고 시도해본다면 분명 변화가 있을 것이다. 나 역시 화가 날 때 위와 같은 방법을 적용했다. 아주 터무니없는 실수이거나 그 자리에서 바로 피드백을 줘야 하는 일이 아니라면 감정을 한번 추스른 뒤 나중에 피드백을 주는 것이 낫다. 상사가 갑자기 화를 내면 부하직원도 정신이 없고 멘붕 상태가 된다. 긴장하면 실수를 계속할 가능성이 크다. 합리적인 해결과 일의 효율을 위해서라면 상황이 진정된 후에 코멘트를 주자. 이 경우 부하직원이 피드백을 받아들이는 데 훨씬 효과적이다.

둘째, 욱하는 감정이 일어날 때 심호흡 후 자신이 느끼는 신체 감각, 생각, 감정을 인식해야 한다. 일단 멈추고 크게 심호흡을 하면 화가 더 큰 분노로 이어지는 연결고리를 끊을 수 있다. 또한 분노에 치우친 감각을 오감 자극을 통해 다스릴 수 있다.

법륜스님은 〈즉문즉설〉에서 화가 나는 감정을 다스리는 방법을 묻는 사람의 말에 다음과 같이 답했다.

"달을 보고 어떤 사람은 슬퍼하고 어떤 사람은 기뻐한다. 그러니 달은 슬픔을 주거나 기쁨을 주는 존재가 아니다. 슬프거나 기쁨 같은 감정은 달(상대방)이 나한테 준 것이 아니고 나로부터 일어나는 것이다. 그러니 자신이 화가 난다면 남 탓으로 돌릴 것이 아니라 화가 나는 자신을 봐라. 내가 화가 나는구나! 하고 알아차리면 된다. 그렇게 계속 알아차리면 욱하는 감정이 조금씩 개선된다."

법륜스님의 말씀처럼 욱하는 감정이 일어날 때마다 자신의 감정을 알아차리는 연습을 해본다면 화를 내는 자신보다 조금 더 완화된 긍정적인 행동을 선택할 수 있다.

셋째, 욱하는 분노가 강하게 들 때는 즉시 있던 자리를 떠나라. 감정은 본인도 모르게 사람을 움직이는 강력한 힘이 있다. 감정에 한 번 사로잡히면 아무리 이성적인 사람이라 하더라도 자신을 주체할 수 없게 만들기도 한다. 평소에는 침착했던 사람도 분노에 휩싸이면 180도 다른 사람이 되어 자신을 힘들게 하고, 의도치 않게 타인에게 상처를 줄 수 있다. 감정에 휘둘려 관계와 소통을 망치지 않으려면 즉시 있던 자리를 떠나 다른 공간으로 가보자. 잠시 한적한 곳으로 가서 바람을 쐬고 걸으며 기분을 전환할 시간을 가져보자. 그래도 화가 풀리지 않으면 남에게 피해를 주지 않는 선에서 소리를 질러보자. 마음껏 욕을 하는 것도 좋다. 소리를 지를 수 있는 환경이 되지 않는다면 글로 하고 싶은 말을 적으며 감정을 쏟아 내보자. 마음이 한결 가벼워지고 화가 누그러지는 변화를 느낄 수 있다.

분노는 우리에게 꼭 필요한 본능이며 목적이 있는 감정이지만, 적절히 조절하고 다스릴 수 있을 때 더 강력한 소통의 무기가 된다. 욱하는 상황이 생길 때마다 욱하는 대신 3가지 제언을 실천해보자.

나의 상황, 행동, 감정, 요청 표현하기
예민하고 뾰족한 말이 서로의 가슴과 뇌리에 날카롭게 꽂힌다.

같은 말이라도 '아' 다르고 '어' 다르다. 그렇기에 타인과 대화를 할 때 우리는 한마디를 하더라도 신중하게 해야 한다. 하지만 이는 말처럼 쉽지 않다. 우리는 가끔 말실수를 하거나 감정이 앞서는 말을 한다. 특히나 주체할 수 없을 만큼 화가 났을 때 막말을 하게 되어 돌이킬 수 없는 상황을 만들거나 가까웠던 사람에게 상처를 주기도 한다.

자신의 감정 표현을 남을 탓하거나 행동을 비난하는 방식으로 하면 상대방은 거부감부터 느낀다. 갈등의 원인이나 대화의 본질과 상관없이 자기방어부터 하게 되고, 작게 끝날 일이 큰일로 바뀐다. 예민하고 뾰족한 말이 서로의 가슴과 뇌리에 날카롭게 꽂힌다. 갈등이 절정에 다다르고 결국 서로에게 마음을 닫는다.

말은 잘 사용하면 천 냥 빚을 갚는 기회가 될 수도 있지만, 잘 사용하지 못하면 일종의 '폭력'이 되기도 한다. 마셜 로젠버그 박사에 의한 '비폭력 대화'라는 이론이 있는 것처럼 말이다.

대부분의 사람들은 갈등 상황에서 자신의 의사 표현이나 감정표현을 어떻게 해야 효과적인지 모르는 경우가 많다. 몇 마디 말로 생각보다 많은 것을 잃고 있다는 사실을 잘 모르기도 하고, 자신의 대화법을 개선해야 할 필요성조차 느끼지 못하는 경우도 많다. 또한 자신의 대화법에 문제가 있음을 알고, 개선할 의지도 있지만, 구체적으로 어떤 노력을 해야 하는지 모르는 경우도 많다. 마치 우리가 건강이 중요하다는 것을 너무나도 잘 알고 있지만 꾸준한 인식과 적용이 어려운 것처럼 말이다.

건강하지 않은 습관으로 인해 결국 건강을 잃는 것처럼 현명하지 못한 말 습관으로 인해 결국 소중한 관계를 잃을 수 있다. 제대로 된 감정표현을 하지 않는다면 갈등을 키울 수 있고, 비생산적인 의사소통이 지속된다면 타인과의 소통이나 교류가 단절될 수밖에 없다. 그렇다면 우리는 갈등 상황에서 어떻게 해야 건강하게 감정표현을 하고 효과적으로 소통할 수 있을까? 나와 아내의 일화를 살펴보자.

나는 어떤 일을 결정할 때 누군가와 상의하기보다 혼자서 결정하고 처리해왔다. 상사와의 불통 때문에 스트레스가 극도로 심해져 시시때때로 신경이 쓰이고 마음이 불안한 시기가 있었다. 이래서는 안 되겠다는 생각에 집 근처에 있는 명상센터에 등록했다. 한 달에 10만 원 정도 되는 비용이었다. 이미 결제하고 돌아선 순간, 매번 어떤 일이든 본인과 상의해달라는 아내의 말이 떠올랐다. 하지만 아내도 요즘 일 때문에 바쁘고 지쳐있기에 괜한 걱정을 끼치고 싶지 않았고, 나는 고민 끝에 말하지 않기로 했다.

그러던 어느 날이었다. 우연히 나의 휴대폰을 보던 아내가 문자 메시지에 있던 10만 원 결제 내역를 보고 이게 뭐냐며 내게 물었다. 사실대로 말할 경우 아내가 어떤 반응을 보일지 예상이 되었기에 이런저런 말로 둘러댈까 했지만, 마땅한 변명거리가 떠오르지 않았다. 결국 나는 명상센터에 등록한 비용이라고 솔직하게 털어놓았다. 그러자 아내는 갑자기 윽박지르는 목소리로 내게 말했다.

"내가 무슨 일을 할 때 항상 나랑 의논하라고 했더니 또 마음대로 했네! 내가 정말 너 때문에 스트레스받는다! 진짜 짜증 나!!"

나도 이해할 수 없다는 말투로 답했다.

"요즘 당신이 피곤해 보이고 괜히 걱정할까 싶어서 일부러 말을 안 한 건데, 지금 나한테 짜증 내는 거야? 내가 쓸데없는데 돈을 쓴 것도 아니고, 힘들어서 등록한 건데, 너무하네, 진짜"

어떠한 일을 결정할 때 항상 본인과 상의해달라는 아내의 말을 간과한 나의 행동은 갈등의 원인이 되었고, 감정을 주체할 수 없었던 아내의 짜증 섞인 말은 갈등에 불을 지폈다.

아내는 "당신 때문에 스트레스받아! 너 때문에 짜증 난다!"라는 'You-메시지'를 사용했다. 상대를 지칭하며 자신의 감정을 상대에게 전가하거나 상대의 탓으로 표현한 것이다. 'You-메시지'는 상대를 비난하고 무시하는 느낌을 주기 때문에 이 메시지를 받은 상대는 바로 나처럼 반격하는 모습을 띠게 된다. 마치 누군가로부터 위협을 당하면 자신을 보호하기 위한 생존본능이 나오는 것처럼 자기 방어기제가 발동하는 것이다.

그렇다면 우리는 상대의 생존본능을 자극하지 않으면서도 갈등이 더 커질 수 있는 상황을 예방하기 위해 어떻게 감정을 표현해야 할까? 바로 'You-메시지'가 아닌 'I-메시지'를 사용하는 것이다. 본인의 상황과 행동을 객관적으로 말하고, 나의 감정을 표현한 후 상대에게 필요한 요청을 해보자. 'I-메시지'는 내 감정의 주체가 '상대방'이 아닌 '나'라고 표현함으로써 상대에게 내 감정의 책임을 전가하지 않으면서 자신의 감정 표현을 명확히 하는 것이다. 'I-메시지'는 'You-메시지'와 다르게 상대를 탓하지 않는다. 내 감정을 전달하면서도 상대를 존중하는 태도를 보여준다. 그래서 갈등 상황이 더 큰 싸움으로 번지는 것을 막아주고, 화해의 기회를 제공한다. 이해를 돕기 위해 아내의 말을 상황, 행동, 감정, 요청의 단계로 풀어보겠다.

1단계, 지금 '상황'에 대해 표현해야 한다.

"어떤 일을 결정할 때 항상 나와 상의해 달라고 부탁했었어. 그런데 당신이 아무 말도 없이 명상센터에 등록했고, 나는 전혀 모르고 있었지."

2단계, 상대방이 한 '행동'에 대해 얘기한다.

"당신은 명상센터를 다니기로 나와 상의 없이 혼자 결정했어."

3단계, 내가 어떤 '감정'을 느끼는지 말한다.

"당신도 나름의 이유가 있겠지만 나는 한편으로 서운해. 결혼한 사이고, 내가 당신 아내인데, 이렇게 혼자 결정할 때마다 나를 무시하는 기분이 들어서 화가 났어."

4단계, 원하는 방향으로의 내 의견을 '요청한다.

"앞으로는 아무리 작은 일이라도 나랑 의논해주면 좋겠어. 나도 꼭 당신이랑 의논할게."

상대를 탓하면서 윽박지르는 말투로 말하는 것과 비교했을 때 위와 같은 방법으로 감정표현을 하니 분위기가 확연히 다르다. 이처럼 나의 상황과 상대의 행동을 침착하게 객관적으로 이야기하고, 내 감정을 'You-메시지'가 아닌 'I-메시지'로 진솔하게 전한다면 자칫 부정적이고 감정적으로 흘러갈 수 있는 대화나 갈등 상황을 예방할 수 있다. 게리 D.맥케이, 돈 딩크마이어의《아들러의 감정수업》에서는 다음의 4가지 주의사항을 말하고 있으니 참고해 보자.

첫째, 상대를 존중하는 말씨를 써야 한다. 말투뿐만 아니라 표정, 몸짓도 존중하는 느낌을 줘야 한다. 그렇지 않으면 상대방이 비난받는 느낌을 받는다.

둘째, 단어를 적확하게 골라 사용해야 한다. '너'라는 단어 사용은 자제하고, 두루뭉술한 단어는 감정을 정확하게 전달할 수 없기에 피해야 한다.

셋째, 협조와 화해의 의도를 정확히 드러내야 한다. 상대방의 잘못을 강조하거나 비난하면 오히려 싸움이 벌어진다.

넷째, 상대방의 행동보다 그 행동이 나의 감정에 미친 영향을 중심으로 말해야 한다.

위 4가지를 염두하며 나의 상황, 행동, 감정, 요청을 표현해보길 바란다. 감정을 표현할 때 'You-메시지'가 아닌 'I-메시지' 표현법을 적용해야 함을 명심하자. 'I-메시지'를 기억하며 나의 상황, 행동, 감정, 요청에 따른 4단계로 대화를 풀어나가는 연습을 꾸준히 한다면, 갈등 상황에서의 소통이 그리 어렵지 않다는 것을 알게 될 것이다.

상대에게 결정권을 넘겨주는 대화하기

우리는 누군가에게 관심과 사랑을 받기 위해 끊임없이 노력한다.

나의 지인 중에 말하는 것을 좋아하는 사람이 있었다. 그는 말문이 한번 트이면 쉬지 않고 말을 했다. 입 양쪽에 침 거품이 고일 정도로 끊임없이 말을 하는 그의 모습을 보고 있노라면 보는 사람인 내가 입이 바짝 마를 정도였다. 말을 하면 할수록 텐션이 올라 목소리 톤도 올라가고 말하는 속도도 더 빨라졌다. 어쩜 저렇게 쉬지 않고 말을 계속할 수 있는지 처음에 나는 그가 참 신기했다. 하지만 시간이 지날수록 그에 대한 호기심은 비호감으로 바뀌었다. 지인은 나보다 인생을 몇 년 더 살아온 형님으로서 내게 필요한 조언을 많이 해주었는데, 마음으로 새겨듣기에 좋은 말이 많았다. 하지만 점차 조언이 충고로 이어지면서 상사에게 잔소리를 듣는 기분이 들었다. 그의 말을 듣고 있노라면 내가 한 행동들이 모두 잘못된 것 같았다.

그와 만날 때마다 가시방석에 앉아 있는 느낌이 들었다. 그와의 대화가 썩 유쾌하지만은 않았다. 아니, 대화랄 것도 없었다. 그는 내가 이야기할 틈을 주지도 않았고, 겨우 대화를 비집고 들어간 나의 질문에 "응", "맞아"처럼 짧은 답변만 했다. 그리고는 다시 본인의 이야기로 돌아갔다. 나는 점차 그와 만남을 피하게 되었다.

나의 지인처럼 다른 사람의 이야기를 듣는 것보다 본인이 주도권을 잡고 이야기하는 것을 좋아하는 사람들이 종종 있다. 하지만 상대방의 이야기는 듣는 둥 마는 둥 하면서 본인의 이야기만 주저리주저리 늘어놓다 보면 아무리 좋은 이야기를 해도 비호감이 된다. 일방적인 대화가 반복되는 관계는 오래 유지될 수 없다.

계속 소통하고 싶은 사람이 되려면 어떻게 해야 할까? 앞에서 언급한 나의 지인과의 대화방식을 살펴보자. 내 지인은 자신의 이야기를 하는 것을 좋아했다. 나 또한 좋은 관계가 될 수 있다는 기대로 이 대화에 참여하기를 원했다. 하지만 그는 내 말을 전혀 경청하지 않았고, 내가 말할 틈을 주지 않았다. 그는 나를 생각해서 필요한 말을 해주려고 했을 것이다. 하지만 나의 반응과는 상관없이 자신의 말만 늘어놓는 지인의 말이 어느 순간 조금도 집중되지 않았다.

그와의 소통으로 깨달은 것이 하나 있다. 사람들은 대체로 듣는 것보다 먼저 이야기를 하고 싶어 한다는 것이다. 통화하다 보면 서로 자기가 하고 싶은 말을 동시에 하게 되어 말이 겹칠 때가 있지 않은가? 우리는 듣는 것보다 주도권을 잡고 말하는 것을 더 선호한다. 그러므로 계속 소통하고 싶은 사람이 되고 싶다면 이 점을 활용하면 된다. 상대에게 대화의 주도권을 넘겨주면서 주의 깊게 경청하는 것이다.

소통할 때 상대에게 주도권을 넘겨주는 좋은 방법은 바로 '질문'이다. 만약 누군가에게 질문하게 된다면 상대는 어떤 대답을 할 것인지 생각을 하게 되고, 본인의 이야기를 할 수 있는 기회를 얻게 된다. 대화의 주도권이 상대방에게 넘어간다. 상대방의 이야기를 관심 있게 경청하고, 그 이야기를 빛내줄 적절한 맞장구가 더해지면 대화는 화기애애하게 흘러간다. 특별한 목적 없이 친목의 개념으로 대화하는 경우에는 단순한 질문만으로도 원활한 소통이 가능하다. 하지만 누군가에게 물건을 판매해야 한다거나 상대방에게 내 주장을 설득해야 하는 경우처럼 특별한 목적을 가지고 대화에 임할 때도 있다. 이런 경우에는 타이밍에 맞게 적절한 질문을 이어가는 것만으로는 부족하다. 목적에 맞는 세심한 맞춤 소통 전략이 필요하다.

회사에서 상사를 설득해야 하는 경우에 내가 자주 활용하는 소통 전략이 있다. 먼저 내가 주장하고자 하는 것에 대해 상사가 긍정적으로 생각할 수 있는 분위기를 형성한다. 그다음 내 주장을 살짝 지나가듯 언급하며 상사에게 대화의 결정권을 넘겨준다. 상사가 신속하게 의사 결정을 할 수 있도록 의견의 핵심 방향을 명확하게 제시하면서도 상사가 중요한 마무리를 하는 것처럼 느끼게 해 서로가 만족할 수 있는 소통 전략이다.

회사 탕비실을 리모델링해야 할 일이 있었다. 나는 상사에게 보고할 탕비실 리모델링 디자인으로 3가지 제안을 준비했고, 그중에서 나는 첫 번째 제안을 밀고 싶었다. 그래서 상사에게 리모델링 제안서를 보고하면서 다음과 같이 말했다. "차장님, 제가 몇몇 직원들한테 탕비실 디자인에 대해 물어봤는데, 첫 번째 안이 가장 인기가 많았습니다."

직원들에게 미리 물어보았을 때 첫 번째 안이 가장 반응이 좋았다는 구체적인 근거를 들면서 내가 밀고 싶은 첫 번째 디자인에 대한 긍정적 분위기를 형성시킨 것이다. 이어서 "저도 첫 번째 디자인이 마음에 듭니다"라며 내 의견을 살짝 제안한다. 마지막으로 상사에게 최종 결정을 부탁한다는 느낌으로 "차장님은 어떤 디자인이 마음에 드시나요? 어떤 디자인으로 리모델링하는 게 나을까요?"라고 의견을 물어본다.

이렇게 상사와 대화를 하면 상사는 내가 원하는 의견으로 대부분 흔쾌히 동의했다. 상사 입장에서는 자신이 팀원 모두가 만족할 수 있는 최종 결정을 신속하게 한 것 같아 흡족하다. 나 또한 내가 원하는 방향으로의 결과를 얻었기에 만족한다. 의견이 상충되지 않으면서도 서로가 만족할 수 있는 의사결정을 이뤄낸 것이다.

《데일카네기 인간관계론》에서 데일카네기는 대부분의 사람들이 원하는 8가지 욕구 중에 충족되기 힘든 욕구가 '자신이 중요한 사람이 되고픈 욕망'이라고 했다. 우리는 사람들한테 인정받으려고 애쓰고, 누군가에게 관심과 사랑을 받기 위해 끊임없이 노력한다.

사람들과 관계를 맺고 소통함에서도 자신이 타인에게 중요한 사람으로 인식되고 싶은 본능이 드러난다. 본인이 내린 결정에 흡족해하며 돌아서는 상사의 모습에서도 우리는 중요한 사람으로 여겨지고 싶은 욕구를 엿볼 수 있다. 대화의 주도권을 잡거나 대화의 결정권을 가지는 것은 스스로 삶을 통제하고 판단하고 있으며, 자신이 삶의 주체임을 인식할 수 있게 한다. 자신이 상대에게 중요한 사람이 되고 싶다는 느낌은 본능적인 욕구이자 자기만족의 조건인 셈이다.

질문과 경청을 하며 상대에게 대화의 주도권을 넘겨준다거나 맞춤 소통 전략으로 상대에게 의사 결정권을 넘겨주는 대화는 겉으로는 지는 듯 보이지만 결국 이기는 슬기로운 소통법이다. 원하는 목적을 성취하면서도 상대를 만족시킬 수 있는 똑똑한 소통을 하자.

한 걸음 떨어져 전체를 보는 연습하기
끝이 보이지 않는 높은 언덕과 계단은 우리를 불안하고 힘들게 한다.

많은 사람들이 관계의 어려움을 토로한다. 그 이유는 관계를 맺으면서 발생하는 갈등 때문이다. 사람이라면 누구나 이러한 갈등으로부터 자유로울 수 없다. 인생을 살아가는 한 갈등은 언제나 풀리지 않는 숙제처럼 우리와 함께한다. 우리가 경험하는 갈등은 산 정상에 오르기 위해서 반드시 거쳐야 하는 언덕이나 계단과 같다. 마치 어른이 되기 위해 두 발로 걷는 방법을 배우고, 말을 익히고, 학교를 다니고, 사회생활을 하는 것과 같다. 앞으로 걸어가는 한 갈등은 누구나 겪어야 한다. 반드시 거쳐야만 하는 통과의례이다.

끝이 보이지 않는 높은 언덕과 계단은 우리를 힘들게 한다. 이처럼 사람과 사람과의 관계에서 오는 갈등은 삶을 휘청거리게 한다. 열심히 살아오며 이룬 모든 것을 송두리째 놓게 만든다.

소통을 잘해서 갈등을 예방할 수 있다면 더할 나위 없이 좋다. 하지만 우리가 어디 실수나 시행착오 없이 모든 것을 한 번에 깨우칠 수 있는 존재이던가. 살아가는 존재이기에 갈등은 겪을 수밖에 없고, 그 갈등을 겪어낸 나는 한 번 더 강해진다. 소통도 그러하다. 소통도 자꾸 문제를 직면하면서 깨닫고, 연습하고, 적용하면 소통하는 내가 강해진다. 소통하는 눈, 즉 소통 통찰력이 생기고, 인생을 살아가는 힘에 소통력이라는 추진력이 더해진다.

매년 3월 1일이면 회사에서 승진발표가 있다. 나는 지난 몇 년간 인사평가가 좋지 않았다. 이번에 과장승진 대상임에도 승진에서 떨어질 거라고 예상했다. 드디어 승진발표 날짜가 되었고, 혹시나 하는 마음에 명단에 내 이름이 있는지 찾아보았다. 역시나 예상대로 내 이름은 없었다. 마음의 준비를 하지 않은 건 아니지만 탈락이라는 현실이 막상 내게 닥치니 기분이 그리 좋지는 않았다. 그날따라 일도 손에 잡히지 않았다.

다른 사람들이 승진에서 탈락했을 때는 '그럴 수도 있지.' 하고 대수롭지 않게 생각했는데, 똑같은 상황이 내게 일어나니 내 감정을 전혀 컨트롤할 수 없었다. 겉으로는 기대하지 않는다고 했지만 내 속마음은 달랐나 보다. 한동안 온몸에 힘이 다 빠져버린 것처럼 시무룩해 있었다.

내가 승진에서 떨어진 입장이 되자 다른 동료들이 눈에 들어왔다. 그제야 승진에서 고배를 마셔왔던 다른 동료들의 입장과 심경이 헤아려지기 시작했다. 과장 승진에서 두 번이나 떨어진 동료가 다시 보이며 '한번 떨어져도 이렇게 마음이 상하는데, 저 친구 속

꽤 상했겠네'라는 생각이 들었다. 비록 승진은 못 했지만, 동료들과 주변을 바라보는 시야가 생겼다는 것에 작은 위안을 삼았다.

다른 사람이 승진에서 탈락했을 때 나는 그 상황을 지금보다 여유 있게 바라보았다. 괴로워하는 동료에게 다가가 위로도 어렵지 않게 했다. 스스로도 놀랄만한 따뜻하고 멋진 말이 술술 나왔고, 동료는 마음의 위안이 된다며 고마움을 표하기도 했다. 하지만 내가 막상 승진에서 떨어지자 마음이 혼란스러웠다. '왜 내게 일어난 일은 똑같은 상황이라도 타인의 일을 보는 것처럼 현명하게 보지 못할까?' 고민 끝에 나는 깨달았다. 자신에게 일어난 일은 감정을 섞어 바라보기 때문에 객관적으로 보지 못한다는 것을. 반면에 타인에게 일어난 일은 감정보다는 이성적으로 바라볼 수 있기에 상황을 객관화시킬 수 있다. 그렇기에 더 멀리 볼 수 있고, 따뜻한 위로를 건넬 수 있는 여유가 있는 것이다.

누군가 우리에게 고민 상담을 해오면 우리는 마치 전문 상담가가 된 것처럼 적극적으로 들어준다. 상대가 받아들일 수 있는 선에서 도움이 될 수 있도록 노력한다. 이때 평소에 말을 잘하는 사람이건, 잘하지 못하는 사람이건 스스럼없이 소통하는 침착함이 있다. 때로는 고민 상담자의 시선을 긍정적으로 바꿀 수 있는 조언을 해주는 대담함도 발휘된다. 상대의 이야기를 침착하게 들어주거나 필요한 말을 자연스럽게 해줄 수 있는 이유는 바로 우리가 그 고민의 당사자가 아니라 제3자의 입장이기 때문이다.

우리가 겪고 있는 힘든 일이나 갈등 관계도 마찬가지이다. 갈등을 원만하게 해결하기 위해서는 제3자의 눈으로 시야를 넓혀야 한다. 한 걸음 떨어져서 전체를 보는 연습을 해야 한다. 예컨대 사람과의 관계가 원만하지 않거나 미묘한 긴장 상태에 놓여 있다면 갈등이 일어난 상황을 이미지로 떠올리거나 상상해보자. 그 장면을 마치 드라마나 영화를 보듯이 바라보는 연습을 해보자.

만약 직장생활에서 직장인들 간의 갈등이라면 '내가 회사의 사장이나 이들의 상사였다면 이 상황을 어떻게 해결했을까?'라는 물음처럼 제3자의 입장에서 스스로 질문을 해보는 것이다. 제3자의 시각으로 문제를 바라보면 문제를 더 크게 키우는 일을 예방할 수 있다. 또한 해결책을 찾거나 조율을 하는 데에도 더 긍정적이고 다양한 접근을 할 수 있다.

때로는 눈앞에 놓여있는 나무보다 높은 곳에서 숲을 바라보는 것처럼 시야를 넓히고 전체를 볼 필요가 있다. 산 정상에 올라서서 산 전체를 내려다보면 내가 힘들게 거쳐 온 수많은 언덕과 계단들이 별것 아닌 것처럼 느껴진다. 다른 산을 오를 때 똑같은 언덕과 계단이 나오더라도 나는 충분히 잘 헤쳐나갈 수 있을 것이라는 자신감도 생긴다. 마찬가지로 우리가 직면하고 있는 문제와 갈등도 인생이라는 높은 산에서 내려다봤을 때 누구나 거치는 하나의 관문이라고 생각을 해본다면 마음이 한결 가볍고 편안해질 것이다.

감정일기나 소통일기 등 글을 통해 내 감정을 풀어내고 그 글을 바라보면, 감정을 들여다보고 상황을 객관화하는 데 도움이 된다. 감정이 비워진 자리에 이성이 채워진다. 주어진 상황을 다시 성찰하고 객관적으로 바라볼 수 있는 단계가 된다. 다른 사람에게 나와 같은 상황이 일어났다면 타인인 내가 어떤 말을 해주었을지 자신에게 질문해보자. 그러면 나도 모르는 사이에 갈등 상황에서의 해결책이 떠오른다. 이 상황을 다르게 볼 수 있는 탁월한 시야가 생기기도 한다.

불안과 두려움으로 상황을 더 크게 받아들이거나 어렵게 보는 왜곡이 생기면 본인만 힘들다. 감정에 치우치지 않는 객관적인 시야를 유지하기 위해 평소 자신의 감정과 마음 관리를 꾸준히 하고, 한 걸음 떨어져 전체를 보는 연습을 생활화하자.

하루를 마무리하며 10분 소통일기 쓰기

나의 단점과 마주하고 개선점을 찾는 것은 불편하고도 어려운 일이다.

회사에서는 하나의 프로젝트가 끝나면 그 결과가 어땠는지 의견을 공유하는 평가회의를 한다. 평가회의에서는 잘한 점, 보완해야 할 점을 중점적으로 이야기 나눈다. 회의가 끝나면 잘한 점은 계속 유지하고, 부족한 점은 앞으로 어떻게 개선할지에 대한 보고서를 작성해 기록으로 남겨둔다. 이렇게 기록으로 남겨두면 추후 다른 프로젝트를 진행할 때 참고 자료로 활용할 수 있어 효율적이다.

수능시험 준비를 할 때 오답노트를 만들어본 경험이 있을 것이다. 공무원 시험이나 자격증 시험을 준비 할 때 빨리 합격할 수 있는 비법 또한 오답노트를 만드는 것이다. 오답노트는 자주 틀리는 문제나 이론을 위주로 학습해서 틀리는 문제를 점점 줄여나가기에 적합하다. 이처럼 어떠한 일을 실행하고 끝낼 때 피드백을 하는 것은 중요하다. 회사업무나 시험공부뿐만 아니라 우리의 일상생활이

나 소통도 마찬가지이다. 상대와 관계를 맺거나 중요한 소통을 할 때 회사의 평가회의나 오답노트처럼 결과에 대한 의견을 나누고 개선할 점을 기록한다면 어떨까. 소통 측면에서의 나의 강점과 약점을 파악할 수 있다면 소통 전략을 세우고 소통력을 강화시키는 데 있어서 훨씬 유리할 것이다.

소통 공부를 할 때 피드백을 받는 방법 중 하나는 자주 소통하는 상대에게 물어보는 것이다. 타인에게 직접 나의 소통 모습에 대해 물어보고 피드백을 듣는 행위는 쉽지 않지만 한 번쯤은 필요하다. 내가 인지하는 나의 모습과 상대가 인식하는 나의 모습에는 분명 차이가 있기 때문이다. 나도 몰랐던 새로운 나의 모습을 알 수 있고, 무의식적으로 행했던 말이나 행동이 상대에게 어떤 영향을 미치는지도 알 수 있다. 오해를 살 수 있는 상황이 있었다면 추후 갈등을 예방하는 정보가 되기도 하고, 장점으로 여겨지는 모습이 있다면 소통의 무기로 강화할 수도 있다.

하지만 매번 상대방의 피드백에만 기댈 수는 없는 법이다. 그렇다면 조금 더 쉽고 효과적인 방법은 없을까? 언제 어디서나 접근이 가능하고 수시로 적용할 수 있는 방법 말이다.

노트와 펜만 있으면 손쉽게 가능하고, 현대인의 필수템인 핸드폰 메모장 기능만 활용해도 충분한 방법이 있다. 바로 '매일 소통일기'를 쓰는 것이다. 소통일기는 시간과 장소를 가리지 않고 언제든지 편하게 쓸 수 있다. 일기를 쓰면 나의 하루가 면밀히 성찰되면서 똑같은 실수와 시행착오를 줄여준다. 내가 현재 겪고 있는 감정이나 복잡한 생각을 정리하는 데 도움을 주기도 하고, 그날의 스트레스나 불안과 걱정을 해소하는 효과도 있다. 나는 나와 밀접하게 소통하는 직장 상사나 동료들, 아내나 지인들과 좋은 관계를 유지하고 싶어서 매일 꾸준히 소통일기를 써왔다. 물론 매일 실천하는 것은 정말 어려운 일이었다. 여러 시행착오를 겪으면서 지금은 안정되어 매일 습관처럼 소통일기를 쓰고 있다. 나름의 노하우가 생기고 소통일기가 주는 변화가 체감되어 지금은 하루 중 빼놓을 수 없는 나만의 루틴이 되었다.

나는 소통일기를 쓰는데 많은 시간을 할애하지 않는다. 보통은 10분 정도 소요되지만 바쁜 날에는 한두 문장이나 간단한 키워드를 적으며 단 3분 만에 일기를 쓰기도 한다. 처음에는 잔뜩 힘을 주고 잘 쓰려고 노력하는 모습이 있었지만, 지금은 상황에 맞게 자유롭게 쓴다. 지속가능한 실천에 의의를 두기로 했기 때문이다. 그래서 나는 주로 잠들기 전에 소통일기를 썼다. 매일의 하루를 돌아보며 일기를 쓰면 어질러졌던 방을 깨끗하게 정리하는 것처럼 마음이 가볍고 산뜻해진다. 또한 하루를 정리하면서 자연스럽게 내일을 예상하고 준비할 수 있게 된다.

소통일기라고 별다른 것은 없다. 그저 우리에게 익숙한 다이어리를 쓰거나 달력에 중요한 일정을 표시하거나 가계부를 작성하는 정도의 느낌이라고 생각하면 된다. 보통 일기를 쓰듯 하루에 있었던 일을 위주로 쓰면 된다. 약간 다른 점이 있다면 있었던 일을 기록하는 것에서 더 나아가 스스로 질문을 하고 소통에 관련된 성찰을 한다는 정도겠다.

'오늘은 회사에서 동료들과 소통하면서 별다른 문제가 없었나?'
'오늘의 긍정적인 소통은 무엇이었지?'

그날에 맞는 질문을 하면 그날의 피드백이 나온다. 스스로 답을 찾기도 하고, 때로는 그날의 일을 곱씹으며 성찰도 한다. 반성할 일이 있으면 반성하고, 똑같은 실수를 반복하지 않기 위해 고민한다. 잘한 점은 스스로 칭찬하고, 마음을 다치거나 감정이 힘든 날에는 내 마음과 소통하는 일기로 나를 보살피고 다독인다.

소통일기를 쓰면서 염두 할 점은 마지막은 감사로 마무리 짓는 것이다. 상사와의 소통이 굉장히 힘들었던 날이 있었다. 이런 날은 먼저 감정을 털어내야 한다. 내가 느낀 감정을 있는 그대로 표현하고 인정해준다. 어느 정도 마음이 진정되면 하루를 돌아보며 나를 성찰한다. 스스로 질문을 하며 생각을 전환해본다. 개선할 점을 생각해보고, 감사로 마무리를 한다. 예를 들면 다음과 같다.

'상사 때문에 기분이 나쁘다. 왜 나에게 그렇게 말하고 행동하는지 도저히 이해를 못하겠다. 화가 난다. 본인도 똑같은 실수를 한 적이 많은데, 왜 괜히 나한테 화풀이인지. 정말 열 받는다.' (감정을 있는 그대로 인정)

'곰곰이 생각해보면 상사 탓만 할 수는 없을 것 같다. 어쨌든 실수한 건 내 잘못이니까. 앞으로 다시는 이런 상황이 오지 않게 한번 더 점검해야겠다. 오늘의 일은 좀 부당하게 느껴지기도 했지

만, 상사의 사리분별을 따지는 능력만큼은 부럽다.' (상황을 돌아보며 성찰)

'오늘의 경험이 앞으로 큰 도움이 될 것이다. 힘든 하루였지만 또 하나의 배울 점이 생겨 감사하다.' (감사와 깨달음으로 마무리)

긍정적으로 생각하는 연습을 하고, 감사하는 마음이 매일 쌓이면 내일의 표정과 컨디션이 달라진다. 매일 꾸준히 소통일기를 쓰게 되면서 나는 왜 그토록 상사와의 소통이 힘들었던 건지, 왜 계속 비슷한 문제로 갈등이 일어나는지를 알게 되었다. 아내와 어떤 점이 달랐는지, 대화할 때 어떤 부분이 매번 충돌했는지 갈등의 흐름이 이해되기도 했다.

사실 나의 단점과 마주하고 개선점을 찾는 것은 불편하고도 어려운 일이다. 하지만 모든 일이 그렇듯 처음이 어려울 뿐, 조금씩 익숙해지면 아무것도 아니다. 소통일기를 쓰면서 나와의 소통이 원활해지고, 사람들과의 관계가 개선되자 계속 쓰고 싶은 마음이 자연스럽게 생겼다. 소통일기가 쌓이는 속도만큼 내 인생도 달라지고 있음을 여실히 깨달았다. 소통일기 쓰기는 자신과의 소통, 타인과의 소통, 세상과의 소통을 즐겁게 해나갈 수 있는 최고의 습관이다.

5장

소통의 차이가
인생의 차이를
만든다

"우리는 사람들과 친밀한 관계를 맺기를 원하며, 그것이 행복의 첫번째 조건이다"

_알랭드보통

하는 일마다 잘 풀리는 소통의 힘

누구에게나 인생이 깜깜한 터널처럼 느껴지는 시기가 있다.

주변을 둘러보면 하는 일마다 잘 풀리는 사람들이 있다. 상황에 따라 부러운 대상도 다르다. 이름만 들어도 누구나 다 아는 대기업에 들어간 친구가 그 대상일 수도 있고, 자신이 좋아하는 일에 매진하며 수익을 내는 사업가일 수도 있다. 같은 곳을 바라보며 평생을 함께하기로 약속한 부부일 수도 있고, 예쁜 아이를 낳아 키우고 있는 단란한 가족일 수도 있을 것이다.

요즘 우리 부모님을 보고 있으면 하는 일마다 잘 풀리시는 것 같다. 먹고 살기 바빴던 시대였기에 대부분 그러했듯 부모님은 자식들과 소통 할 여유가 없었다. 그들도 부모가 처음이다 보니 많은 부분에서 어색하고 서툴렀을 것이다. 하지만 사회에 나와 직장생활을 하면서 어른이 되고 보니 부모님의 모습이 달리 보이는 경우가 많다. 특히 아버지의 남다른 소통력이 눈에 들어온다. 어머니가 '발바리'라고 부를 정도로 아버지는 여기저기 잘 다니셨다. 워낙 사람들과 잘 어울려 순천에서 모르는 사람이 없을 정도였다. 부모님은 내가 어릴 적부터 주변 사람들을 집으로 초대해 식사를 자주 하셨다. 아버지와 소주 한 잔을 기울였다 가신 분들은 모두 어떤 표정으로 집에 왔든 간에 항상 즐거운 얼굴로 돌아가셨다.

어릴 때 나는 항상 사람들의 방문이 끊이질 않았던 우리 집이 신기했다. 평소 조용한 가족의 일상과 친척이나 지인들의 방문으로 시끌벅적했던 집 분위기가 너무도 달라 혼란스럽기도 했다. 하지만 지금은 그때의 상황이 이해된다. 사는 게 녹록지 않았고, 스트레스를 풀 방법도 달리 없었던 부모님의 세대에서는 사람들과의 만남이 활력이자 치유였을 것이다. 사람과의 소통에서 오는 에너지로 힘든 날을 버텨오셨을 것이다. 그리고 서로 만나 사는 이야기를 털어놓으며 사람 사는 모습은 다 똑같구나 하는 마음의 위안을 받았을 것이다. 오가는 정과 정겨운 대화가 지친 삶의 원동력이었을 것이다.

부모님을 보니 사람으로부터 운이 오고 인맥이 자산이라는 말이 실감 난다. 사람을 좋아하고, 주변 사람들을 알뜰살뜰 챙겨온 부모님은 수년 전부터 아시는 분의 도움으로 곶감 사업과 조경 사업을 시작하셨다. 새로운 사업으로 경제력은 예전보다 좋아졌고, 오래된 낡은 고택을 허물고 새로운 집도 지었다. 본가에 내려갈 때마다 부모님을 지켜보면 주변에 계신 분들이 몸에 좋은 음식이나 귀한 것들을 끊임없이 가져다주신다. 이는 주변 사람들에게 힘든 일이 있을 때마다 물심양면으로 돕고자 했던 부모님이 뿌린 소통의 결실일 것이다.

하는 일마다 잘 풀리는 사람의 주변에는 결국 좋은 사람들이 있다. 반대로 하는 일마다 잘 풀리지 않는 사람을 보면 꼭 가까운 사람과의 관계에서 문제가 있거나 갈등이 있다. 직장 상사나 동료, 부모님이나 형제, 배우자와의 관계가 원만하지 않은 경우이다. 사람으로 인해 좋은 운도 오지만 뜻하지 않게 위기를 겪게 되는 경우도 많다. 오랜 시간 친분을 쌓은 사람에게 사기를 당하기도 하고, 어렵게 마음을 열었던 사람에게 배신을 당하기도 한다.

누구에게나 인생이 깜깜한 터널처럼 느껴지는 시기가 있다. 위기는 예기치 못하게 오고, 좋지 않은 일은 언제나 한꺼번에 온다. 조금도 마음을 터놓을 사람이나 믿을 만한 사람이 없다면 그 시간은 더욱 고달프고 괴롭다. 하지만 나를 믿고 지지해주는 사람이 딱 한 사람만 있어도 그 시간은 버틸 수 있는 시간이 된다. 사람에게서 오는 위안과 누군가가 나와 함께 한다는 안정감이 있으면 끝이 보이지 않는 위기의 터널을 기꺼이 빠져나올 수 있다.

하는 일마다 엉망진창으로 꼬이는 시기가 있다. 일이 뜻대로 잘되지 않거나 인생이 잘 풀리지 않을 때 때때로 주변 사람들과 거리를 두게 되거나 친한 사람들조차 만나기가 꺼려진다. 나 역시 열등감이나 피해의식에 사로잡혀 사람을 멀리하고 싶었던 날도 많았고, 사람과의 소통이 힘들어 대인기피증 같은 사회 불안 장애에 시달린적도 있었다.

첫 직장에서 상사와 관계가 틀어져 퇴사했고, 다른 직장으로 옮겼지만 운명처럼 전 직장과 비슷한 성향의 상사를 또 만나게 되었다. 직장생활이 고달팠으니 결혼생활이라도 안정되었으면 좋으련만, 아내와 자라온 가정환경도 다르고, 성격과 가치관도 달라 매일싸움의 연속이었다. 행복하기 위해 함께 했는데 단 하루도 편하지않았다. 게다가 나한테만은 그런 일이 일어나지 않을 거라고 생각했는데, 선량한 사람이라고 여겼던 사람에게 속아 돈을 잃기도 했다.

사람 때문에 힘들어하면서도 사람을 좋아하는 내가 한없이 바보같기도 하고, 왜 나만 이렇게 이상한 사람들이 꼬이는지 원망하는마음이 들기도 했다. 사람들과 잘 지내고 싶어서 활짝 열어두었던마음이 굳게 닫혔다. 새로운 사람을 만나면 항상 좋은 점부터 먼저보려고 했던 나는 언젠가부터 누군가가 호의를 보이거나 갑자기 잘해주면 의심부터 하게 됐다.

노자는 '회오리바람은 아침 내내 불지 않고, 소나기는 하루 종일오지 않는다'라고 했다. 불행의 늪을 빠져나오려 애를 써도 점점 더깊은 수렁에 빠지는 것만 같았던 나날에도 서서히 빛이 보이기 시작했다. 매일 단 10분이라도 나 자신과 소통하고, 타인과의 소통을위한 공부를 시작했기 때문이다. 인간관계에서 어려움을 느끼는 상황이 줄면서 하루를 시작하는 기분과 컨디션이 달라졌다. 사람들과의 갈등과 마찰이 줄면서 일에 온전히 집중할 수 있게 되었고, 모든일이 술술 풀린다는 느낌마저 들었다.

상사와의 소통에서 갈등이 일어나는 횟수가 과거에는 한 달 중에 4~5번 정도가 있었다면 지금은 한 달에 한 번 정도로 줄어들었다. 소통 공부를 하기 전에는 상사와의 갈등이 언제 어떻게 일어날지 몰라 극도의 긴장과 불안 속에 출근했다면, 지금은 편안하고 여유 있게 하루의 스케줄을 살피고 소통 전략을 세우며 출근한다.

친구와 지인, 가족과의 관계 역시 개선됐다. 상대의 입장을 먼저 헤아려보되 아무리 생각해도 마음의 앙금이 남을 것 같다면 내 입장과 감정을 솔직하게 말한다. 나 자신과의 대화를 통해 내가 어떤 생각을 하고 있는지, 이게 어떤 감정인지를 끊임없이 알아차린다. 다른 사람의 이목을 신경 쓰거나 상황을 무마시키기보다는 나의 내면이 원하는 방향으로 행동하고자 한다. 매일 하루 10분씩 소통 공부만 했을 뿐인데, 앞이 캄캄했던 인생이 꽤 살아볼 만한 인생이 되었다.

삶을 괴롭게 하는 문제의 대부분은 인간관계에서 비롯된다. 결국 관계를 잘 유지하는 것이 잘살 수 있는 방향이고, 삶의 질과 행복지수에 지대한 영향을 미친다. 주변을 한번 둘러보자. 하는 일마다 잘 되는 사람들, 항상 주변에 사람이 몰리는 사람들, 운이 좋고 에너지가 넘치는 사람들을 보면 그들은 그들만의 소통 에너지를 갖추고 있다.

나 역시 소통력을 갖추면서 인생이 재밌어졌다. 소통하는 힘이 커지면서 매일 성장하는 나를 마주하는 즐거움이 있다. 그저 사람으로 인한 고통만 없게 해주라고 절실히 외쳤던 나는 어느덧 사람으로 오는 행복을 만끽할 수 있는 사람이 되었다. 일이 술술 풀리는 저변에는 소통하는 힘이 반드시 존재한다는 사실을 잘 안다.

누구나 소통력만 높여도 어제보다 나은 하루를 보낼 수 있다. 덜 불행하고 더 행복한 인생의 주인공이 될 수 있다. 하는 일마다 꼬이는 것 같다면 자신과 주변을 잘 성찰해보자. 자신의 내면을 들여다보고, 사람과 관계에 대한 소통 주파수를 높여보자.

공감하는 순간 새로운 세상이 열린다

공감은 무너지는 누군가를 일으키고, 울고 있는 누군가를 웃게할 수 있다.

아내와 헤어지고 나서 나 자신과 아내에 대한 원망이 컸다. 후회하고 자책하는 시간들로 잠 못 이루는 날들이 많았다. 가만히 있다가도 욱하고 화가 났고, 갑자기 울컥하고 눈물이 쏟아지기도 했다. 지금까지 살면서 그토록 많은 감정이 빠르게 교차한 적은 처음이었다.

결혼생활이 정리되었다는 사실을 받아들이는 과정이 힘들기도 했지만, 이혼 사실이 알려지고 나서 주변 사람들이 나를 어떻게 볼까 하는 생각이 나를 두렵게 했다. 어느 누구에게도 그 사실을 말하지 못하고 혼자 끙끙 앓았다. 머리가 복잡했고, 일이 손에 잡히지 않았다. 할 수만 있다면 나를 아는 사람이 아무도 없는 해외로 도망치고 싶은 심정이었다. 그러던 어느 날, 근처에 사시던 삼촌께서 갑자기 전화를 하셨다. "진명아~ 이번 주말에 별일 없으면 삼촌 집에 와라! 맛있는 거 사줄 게~"

부모님보다 더 친하고 허물없이 지낼 정도로 삼촌이 좋았던 나는 주말에 삼촌네로 향했다. 시장 안에 있는 허름한 족발집을 찾았다. 족발을 몇 점 주워 먹고 소주를 몇 잔 마시다 보니 취기가 조금 올라왔다.

　"요즘 결혼생활은 재미있냐?" 삼촌의 물음에 처음으로 누구에게도 말하지 못했던 사실을 털어놓았다.

　"삼촌, 얼마 전에 아내와 헤어졌어요."

　아마도 삼촌은 이미 알고 계셨거나 짐작하셨던 것 같다. 놀라시기보다 자초지종을 물어보셨고 나는 차근차근 대답했다. 나의 이야기가 다 끝난 후 삼촌은 나의 결정을 존중해주셨고 충분히 공감해주셨다. 그런 다음 내가 어느 정도 긴장이 풀리고 마음이 한결 편해진 모습을 보이자 내가 조금 더 배려해야 했던 점을 짚어주셨다. 인생을 앞서 살아본 삼촌의 경험을 바탕으로 위안이 될 수 있는 말도 해주셨다. 이 사실을 처음으로 털어놓는다고 어렵게 말을 꺼내니, 앞으로 무슨 일이 생기면 혼자 힘들어하지 말고 꼭 가족들과 상의하거나 삼촌에게라도 털어놓으라는 말씀을 해주셨다. 힘들고 어려울 때는 정말 가족밖에 없다면서….

　삼촌과 허심탄회한 대화를 나누고 난 후 나는 마음이 더없이 후련했다. 알게 모르게 자신감도 생겼다. 참 이상한 일이었다. 삼촌이 내게 특별한 해결책을 제시해 준 것도 아니고, 이미 결정된 일이 번복되는 것도 아니었다. 단지 삼촌은 내가 하는 말을 주의 깊게 경청해주셨고, 내가 느끼는 심정을 본인의 일처럼 여기며 진심으로 공감해주셨다. 혼자 힘들어하며 갈피를 잡지 못하던 나에게 있어서 삼촌과의 대화는 마른 땅을 적시는 단비와 같았다. 누군가가 나를 진심으로 공감해줄 때 일어나는 마음의 파장은 생각보다 컸다.

　공감은 사전적 의미로 '남의 감정, 의견, 주장 따위에 대하여 자기도 그렇다고 느낌'이라는 뜻이다. 내가 삼촌에게 받았던 공감의 힘으로 나는 그전보다 나은 상황이 될 수 있었고, 더 빨리 마음을 추스를 수 있었다. 누군가에게 진심 어린 위로를 받는 힘은 엄청나다. 힘들고 외로울 때 그저 누가 내 옆에 가만히 있어 주기만 해도 큰 힘이 된다. 하물며 내 감정과 마음을 헤아려주는 대화를 주고받는다면 어떨까? 거의 치유에 가까운 일이 된다. 또한 공감의 힘을 체험해본 사람은 공감이 필요한 사람에게 기꺼이 손을 내미는 사람이 된다. 공감하는 순간 새로운 세상이 열리는 것이다.

　하지만 누군가의 감정이나 의견에 공감한다는 것은 여간 어려운 일이 아니다. 남이 느끼는 감정이 나는 경험해보지 못한 일이라 전혀 와 닿지 않을 수도 있고, 말투나 말을 전하는 온도에 따라 받아들이는 사람이 받는 느낌도 다르다.

　내 의견과 다른 사람을 만날 때 의견 차이를 좁히거나 그 의견을 있는 그대로 인정해주는 것은 생각보다 쉽지 않다. 삶의 방식이나 가치관에 의해 누구나 다르게 생각하고 말할 수 있음을 알지만, 막상 그 상황을 마주하면 이성보다 감정이 앞서거나 거부감과 반발심이 들기도 한다. 그래서 상대와 나의 마음이 통하고, 진심 어린 공감이 이루어진다는 것은 어마어마한 확률로 이루어지는 일이다.

　하버드 의과대학 연구팀의 '뇌 과학 연구'에 의하면 공감능력은 가르치고 키울 수 있다고 한다. 상대방의 마음을 최대한 헤아리고 짐작해 봐야겠다는 마음가짐으로 대화에 임하면 주의 깊은 경청을 하게 된다. 내 이야기를 잘 들어준다는 느낌을 받을 때 당사자는 더 편하게 자신의 이야기를 할 수 있다. 비슷한 경험이 있거나 감정을 느껴본 경험이 있다면 그 사실을 상대에게 말해주며 깊은 공감을 해주면 도움이 된다. 그렇지 않다면 그저 상대의 눈을 바라보고 이야기에 주의 깊게 집중해주는 것만으로도 큰 위안이 된다. 공감은 주의 깊은 경청에서 시작되고, 곁을 함께 지키는 것으로 완성된다. 공감은 불안한 누군가를 잡아줄 수도 있고, 무너지는 누군가를 일으켜 세울 수도 있다. 멈춰있는 누군가를 다시 움직이게 할 수도 있고, 울고 있는 누군가를 웃게 할 수도 있다.

물론 섣부른 공감은 경계해야 한다. 상대의 감정을 자신에게 억지로 이입시키거나 공감하는 척을 한다면 도리어 대화에서 역효과가 날 수 있다. 진심이 배제된 말은 상대에게 의도치 않은 상처가 될 수 있다. 그래서 타인에게 진심으로 공감할 수 있는 사람이 되려면 자신의 감정에 먼저 솔직해질 수 있어야 한다.

우리는 평소에 많은 감정을 억누르며 산다. 좋은 게 좋다고 그저 참고 넘기는 것이 좋다는 강요를 은연중에 받아왔고, 감정을 드러낼 수 없는 현실 때문에 감정을 숨기는 일에 익숙해져 왔다. 자신의 감정에 공감할 수 있는 연습이 되지 않으면 상대의 감정을 헤아려보거나 그 입장을 이해하는 것이 어색하거나 어렵다. 그러므로 평소에 자신의 감정을 들여다보고 헤아리는 꾸준한 연습이 필요하다. 책을 읽거나 영화나 공연을 보며 다양한 감정과 상황을 느낄 수 있는 간

접경험을 자주 해보는 것도 공감능력을 높이는 데 도움이 된다.

누군가를 공감해보거나 누군가에게 공감을 받았던 경험이 쌓이면 세상과 사람을 보는 시야도 넓고 다양해진다. 누군가의 아픔을 위로할 수 있는 소통의 폭도 커진다. 삼촌에게 따뜻한 공감을 받은 그 날부터 이혼의 아픔에서 서서히 벗어날 수 있었다. 충분히 극복할 수 있다는 용기를 얻었고, 앞으로의 내 생각과 마음가짐이 중요하다는 것을 깨닫게 되었다.

나는 이혼의 경험이 있기에 추후 부부간의 불화로 힘든 이들의 마음을 헤아리고 공감할 수 있을 것이다. 나는 내가 직접 겪기 전까지는 이혼이 다른 사람의 일이라고 여기거나 그 결정에 다소 보수적인 시선을 가졌던 사람이었다. 하지만 지금은 이혼도 사람이 살아가는 모습 중에 하나라는 것을 안다. 그 전보다 나아질 수 있는 하나의 선택지임을 안다. 내가 설정했던 프레임에서의 삶이 영원하지 않음을, 그리고 전부가 아님을 잘 안다.

인생에 있어서 공짜는 없는 것 같다. 이혼은 내게 이별의 쓴맛도 주었지만, 누군가를 진심으로 이해하고 공감할 수 있는 인생의 단맛도 주지 않았나 싶다. 공감하는 순간 새로운 세상이 열린다. 당신에게 누군가의 공감이 필요한 순간 부디 혼자가 아니기를 바란다. 앞으로 더 많은 사람들이 공감받고 공감할 수 있는 따뜻한 세상을 꿈꿔본다.

소통은 필수불가결한 미래 역량이다

과거부터 현재까지 인류에게 소통은 생존의 비결이자 진화의 무기다.

불통은 개인의 불행을 넘어 거대한 기업의 존재 여부를 결정하기도 한다. 2000년대 노키아는 휴대전화를 생산하는 세계 1위 기업이었다. 시장점유율이 40%에 달했고, 영업이익률도 20%에 이르렀다. 조직도 점차 커졌다. 성공에 도취한 노키아는 고객과의 소통을 점차 등한시했다. 관료주의 체제와 위계적 의사 결정 구조에 따른 실무진과 경영진의 소통 역시 단절되었다. 그로 인해 2012년 노키아의 연간 적자는 5조 원을 넘겼고, 시장점유율은 2%까지 추락했다.

과거의 우리는 치열한 경쟁이 당연한 삶이었다. 현재의 자본주의 사회는 무한경쟁을 통해 1등이 가려진다. 상대를 이겨야 내가 생존할 수 있는 구조이다. 경제력에 의해 강자와 약자가 나뉘고, 부자와 서민이 보이지 않는 계급으로 나뉘었다.

대한민국은 6.25 전쟁이 일어났던 시기까지만 해도 지구촌에서 가장 가난한 나라의 대열에 속했다. 하지만 근면 성실한 국민성을 바탕으로 빠른 경제화를 거쳐 선진국이 100여 년에 걸친 경제성장을 약 40년 만에 이루어냈다. 그 결과 아시아의 개발도상국이자 잠룡이었지만 지금은 전 세계가 주목하는 숨은 강대국이 되었다. 하지만 가장 빠르게 기적을 이룬 나라로 영광이 큰 만큼 그에 따른 부작용도 크다. 우리는 무한 경쟁 사회의 흐름에 서서히 지쳐가고 있다. 실제로 삶은 편리하고 풍족해졌지만, 국민들의 행복지수는 많이 떨어졌다.

유엔 산하 자문기구인 〈지속가능발전 해법 네트워크〉가 공개한 '2019 세계 행복보고서'에 따르면 전 세계적으로 경제 성장이 지속하고 있음에도 행복도는 전반적으로 상당히 후퇴하는 경향을 보인다고 했다. 이는 자본주의 체제 속에서 경제적인 부가 행복의 척도가 아님을 보여주는 것이다. 시간이 흐를수록 자본주의의 부작용이 나타나고 있기에 최근에는 무한경쟁을 유도하기보다 같이 잘 사는 상생자본주의, 동반성장을 강조하고 있는 추세이다.

4차 산업혁명 시대를 맞이하는 지금, 전문가들은 이구동성으로 협업과 소통의 중요성을 강조한다. 4차 산업혁명은 한마디로 제조업과 정보통신기술의 융합이라고 표현할 수 있다. 대표적인 예로 무인자동차를 들 수 있는데, 무인자동차는 자동차를 만드는 제조업체와 정보통신기술을 가진 기업이 서로 협력해야 탄생할 수 있는 자동차이다. 정보통신기술이 없으면 빨간 신호등 앞에서 자동차가 자체적으로 멈출 수 없다. 빨간 신호등이라는 통신이 무인자동차에 인식되어야 자동차는 멈출 수 있다. 서로 다른 기술이 융합되어야 하는 시대가 도래했다.

이제 무한경쟁 체제로 기술성장만 거듭하는 시대가 아니다. 동반성장을 강조하는 사회적 분위기, 서로 다른 분야와 업종들의 융·복합을 통해 메가 시너지를 내는 시대이다. 서로 다른 분야의 융합은 더욱 심화할 것이고, 자연스럽게 다른 분야와 협력하고 소통하는 능력 또한 주목받게 될 것이다. 시대의 흐름에 부합해야 하는 우리는 점차 차원을 넘어선 소통, 좀 더 진화한 소통의 단계로 진입할 수 있어야 한다.

미래를 이끌어갈 주역들에게 있어서 소통력은 필수적인 역량이다. 세계 주요 선진국들, 주요 기업들은 소통역량이 있는 인재를 키우기 위해 노력하고 있다. 세계적인 강대국이자 세계의 경제를 이끌어 나가는 미국조차도 과거에는 교육에서 독서(Reading), 글쓰기(Writing), 연산(Arithmetic) 등 3R을 강조했지만, 현재는 3R의 한계를 인정하고 4C체제를 도입했다. 4C란 의사소통능력(Communication), 협업능력(Collaboration), 비판적사고 능력(Critical thinking), 창의력(Creativity)을 말한다.

우리나라 주요 대기업들도 직원들을 뽑는 기준이나 인재상이 바뀌고 있다. 무엇보다 큰 변화는 협력과 소통을 잘하는 인재를 원한다는 것이다. 〈대한상공회의소〉 조사에 따르면, 주요 100대 기업이 원하는 인재상이 2013년에는 도전정신이 1위였지만 2018년에는 소통과 협력이 1위에 올랐다. 불과 2013년에 소통과 협력 역량은 기업이 원하는 인재상 순위에서 7위에 머물렀으니 소통이 더욱 중요해지는 시대의 흐름과 변화가 크게 느껴진다.

노키아 사례에서 살펴본 것처럼 기업 문제 중 70%는 의사소통 장애로 야기되며, 경영자들은 일과의 70%를 의사소통에 사용한다고 한다. 그렇기에 기업이 소통과 협력을 잘하는 인재를 원하는 것은 당연한 일이자 격변의 시대에서 기업의 존속을 결정하는 미래역량이다.

내가 다니고 있는 회사 역시 얼마 전 직원들 간의 소통을 원활하게 하고, 유연한 업무 분위기를 조성하기 위해 임원 사무실을 없앴다. 각 구역을 나누었던 사무실 벽도 없앴다. 전체적인 회사 근무환경뿐만 아니라 회사 체제이자 서열의 기준이던 직급도 없애고, 직원들 간 호칭도 이름이나 '~님'으로 부르는 제도를 도입했다.

각이 진 사무실의 벽을 허물고 직급과 호칭 체계가 바뀌는 변화는 비단 우리 회사뿐만 아니라 많이 이루어지고 있는 기업 문화의 흐름이다. 이름만 대만 알만한 세계 유수의 기업들 GE, 맥도날드, 삼성 등도 사내 의사소통의 활성화를 위한 노력과 개혁을 거듭하고 있다. 융합과 혁신을 거듭해야 하는 시대이기에 직급과 경직된 조직문화로 느리고 복잡한 의사소통이 아니라 유연하고 신속한 의사소통이 중요해졌다. 기업의 존속을 넘어 기업의 흥망성쇠 또한 소통의 속도와 질에 달려있으니, 소통은 개인의 인생뿐만 아니라 공동체와 기업, 더 나아가 나라와 세계를 움직이는 키워드로 떠올랐다.

호모사피엔스는 과거 다른 수많은 인류와 생존경쟁을 벌였고, 유일하게 현생인류로 살아남았다. 호모사피엔스는 다른 인류에 비해

뇌의 용량도 떨어지고, 체격도 작았으며, 도구와 불을 사용하지 못했다. 그런데도 호모사피엔스가 끝까지 살아남았던 이유는 무엇일까? 여러 가지 이유가 있겠지만 가장 주목할 수 있는 부분은 호모사피엔스가 씨족 단위 생활을 하면서 언어가 발달하여 외부와 끊임없이 관계를 맺고 지속적인 소통을 했다는 것이다. 이는 과거의 인류에게 있어 소통이 생존의 비결이자 진화의 무기였음을 증명한다.

더 가속화되고 심화할 4차 산업혁명과 융·복합 창조시대에 있어서 소통은 우리 미래를 책임질 필수불가결한 조건이다. 가장 중요해질 미래의 인재역량이자 키워드이다. 소통은 우리 인생의 많은 부분에 밀접하게 연결된 아주 기본적이면서도 바탕이 되는 요소이다. 한 사람의 인생을 성장시키고 완성할 수 있는 무궁무진한 미래 역량이다.

지금까지 통하지 못한 인생으로 불행했더라도 절대 낙담하지 말자. 과거는 과거로 묻어두고, 조금씩 천천히 소통을 배워 나가면 된다. 소통은 배우고 거듭하면 발전할 수 있는 역량이다. 그저 삶의 습관처럼 가까운 일상으로 받아들이면 된다. 녹록지 않은 인생을 더 유연하고 행복하게 끌어갈 수 있으려면 매일 단 10분이라도 소통 공부를 시작해보자. 급변하는 시대의 흐름을 쫓는 것이 아니라 그 흐름의 파도를 탈 수 있으려면 소통역량을 키우고 강화해야 한다.

나는 내 삶의 생존과 발전을 넘어 미래의 주역이 될 세대들에게 소통의 중요성을 알려주고 싶다. 학교나 단체에서 소통을 중요히 여기는 분위기가 형성되고, 소통력을 키울 수 있는 교육 환경이 조성되어 아이들이 조금 더 행복하고 원만하게 사회생활을 시작할 수 있었으면 한다. 소통력을 단련시켜 주체적이고 즐겁게 인생의 목표를 성취해나갔으면 한다.

누구나 소통의 고수가 될 수 있다

소통의 결핍은 나를 움직이게 했고, 새로운 길을 열게 했다.

성인이 된 후 나는 사회생활을 시작했고, 인간관계에 의한 문제를 겪게 되면서 큰 위기에 직면했다. 소통력은 나에게 결핍이자 약점이었다. 하지만 결핍이 사람을 움직이게 한다고 하지 않았던가. 소통이 힘들고, 사람과의 관계를 어려워했던 나의 결핍은 새로운 인생 공부로 이어졌다. 마치 나에게 일어난 모든 일들이 소통 공부로 이어질 운명이었다는 생각이 들 정도였다. 결핍은 나를 움직이게 했고 새로운 길을 열게 했다. 약점은 나를 진정으로 알게 했고 더 강하게 만들었다.

회사에서는 틈틈이 바쁜 와중에도 문득 내 기분과 감정, 마음 상태를 인식하며 감정을 들여다보고 조절하는 연습을 했다. 퇴근하면 곧장 집으로 달려와 내면아이나 자기긍정에 관련된 심리서나 인간관계, 대화법 등 소통에 관련된 수십 권의 책을 독파해나갔다. 소통

콘텐츠에 관련된 유튜브 영상을 시청하기도 했고, 잠들기 전에는 소통일기를 쓰며 하루를 돌아보았다. 이렇게 매일 소통 공부를 6개월 정도 지속하다 보니 몸에 익은 습관처럼 자연스러운 하루의 일상이 되었다. 전체를 보는 시야가 생기면서 소통 공부의 수준을 높이고 싶은 마음이 들었다. 소통의 기본적인 매뉴얼이나 인간관계를 잘 할 수 있는 비법이 다수를 위한 대중적인 지침이 될 수는 있어도, 각 개인에 따른 세심한 적용이 어렵다는 한계점을 파악했다. 그래서 본격적으로 에니어그램 공부를 시작했다.

직장인에게 5일을 일하고 얻는 2일의 주말이란 고생한 일주일을 보상받는 꿀맛 같은 휴식이다. 손꼽아 기다리는 해방의 시간이다. 평일에는 이미 녹초가 되어 퇴근을 하기 때문에 주말에 늘어지게 늦잠을 자고 싶기도 했고, 훌쩍 아무도 없는 한적한 곳으로 여행을 떠나고 싶기도 했다. 하지만 시간이 한없이 부족하고 소중했던 나는 주말을 그저 쉬거나 즐길 수 없었다. 휴식과 늦잠, 여행과 개인 시간을 모두 반납하고 본격적인 에니어그램 공부를 위해 아산에서 서울까지 바쁘게 교육을 받으러 다녔다. 이 뿐만 아니라 소통 공부에 도움이 될 만한 강연, 워크숍, 컨설팅을 받으며 관련 콘텐츠나 전문가를 찾아다녔다.

호기심으로 시작한 에니어그램 공부였지만 공부를 하다 보니 나에게 직면한 상황이나 문제 해결에 많은 도움이 되었다. 나와 타인, 그리고 관계나 갈등에 대한 성찰과 해석을 할 수 있었다. 에니어그램의 매력에 흠뻑 빠져버린 나는 에니어그램 강사와 상담사 자격증까지 취득했다. 소통의 힘을 알리고 싶은 마음에 책까지 쓰게 됐고,

보다 더 많은 사람들이 소통력을 키움으로써 행복한 인생을 살게 하고 싶다는 소명까지 생겼다.

　지난 2년의 내 삶은 소통의, 소통에 의한, 소통을 위한 시간이었다. 나는 이제 새로운 사람을 대하거나 나와 맞지 않는 성향의 사람을 만나도 그전보다 훨씬 여유가 있다. 누구와도 소통을 잘 할 수 있다는 자신감도 생겼다. 자신감은 사람의 매력을 배가시키고 좋은 일을 끌어당긴다. 초등학교 시절에 부러움의 대상이자 경쟁자였던 친구를 뛰어넘고 나서 성취감을 느꼈던 것처럼, 소통 공부라는 인생 공부를 통해 삶의 성취감을 느끼고 있다. 인간관계가 원만해지니 내 인생에 더 오롯이 집중을 할 수 있어서 좋다. 심신이 편안하니 삶의 질과 매일의 행복감 또한 상승했다.

　이러한 나의 변화를 주변 사람들과 나누고 싶은 마음에 회사 동료나 후배, 친구나 지인들에게 소통 멘토링을 해주고 있다. 특히 에니어그램 검사를 통해 개인의 성향과 장단점을 분석한 후 본인의 주변 사람이나 자주 소통하는 사람과의 소통법을 알려주고 있는데, 반응이 아주 좋다. 개인의 상황에 적합한 맞춤형 코칭이기에 만족도가 높고, 결과도 좋다.

　현재 블로그와 인스타그램 같은 SNS를 통해서도 소통에 관련된 정보나 지식, 경험, 깨달음, 노하우 등을 공유 중이다. SNS로 사람들과 소통을 하다 보니 과거의 나처럼 불통으로 인해 고통을 겪고 있는 사람들이 생각보다 많음을 알게 되었기 때문이다. 이렇게 소통에 한없이 미숙했던 내가 매일 소통 공부를 통해 소통의 전문가가 되어가고 있다.

　나는 그저 평범한 사람이다. 대한민국 성인의 평균 지능을 가지고 있고, 말을 조리 있게 잘하는 것도 아니며, 소통일기를 쓰기 전까지 제대로 된 글을 써본 적도 없다. 하지만 나는 삶의 위기를 계기로 소통에 뜻을 가지고 내 인생을 변화시켰다. 더 나아가 많은 사람의 소통 조력자가 되어 보다 더 행복한 인생을 살게 하는 비전을 실현 중이다. 누구나 소통의 고수가 될 수 있고, 소통하는 힘을 키워 행복한 인생의 주인이 될 수 있다. 내 인생이 이렇게 흘러가리라 예상하지 못했던 것처럼 여러분의 인생도 얼마든지 바뀔 수 있다.

소통력이 곧 행복한 인생력이다

진짜 행복은 누군가와 소통하고 함께 하는 일상 속에 있다.

지금까지 살아오면서 가장 행복했던 순간을 떠올려보자. 어떤 순간이 가장 먼저 떠오르는가? 우리는 간절히 원하던 것을 소유하게 되는 순간 행복할 것이라는 기대를 한다. 대부분의 사람들이 가장 소유하고 싶은 것들이라면 고급자동차, 정원이 딸린 집이나 고가의 아파트, 명품이나 사고 싶었던 물건 등일 것이다.

물론 원하던 물건을 가지게 되면 행복하다. 하지만 소유로 얻게 되는 행복은 오래 지속되지 않는다. 우리는 어느새 소유하게 된 물건에 익숙해진다. 처음에 느꼈던 행복감은 점차 줄어든다. 시간이 지나면 지금 가지고 있는 것보다 더 좋은 차와 더 넓은 집이 눈에 들어온다. 그렇게 내가 가진 것은 당연해지고 나보다 더 좋은 것을 가진 사람과의 비교는 계속된다.

생애 첫 자동차와 아파트를 샀을 때 나는 누구보다 기뻤다. 세상을 다 가진 것만 같은 행복감을 느꼈다. 하지만 이 행복은 오래가지 못했다. 내가 가진 것보다 더 비싼 차를 타고 온 친구를 모임에서 만났을 때, 내가 사는 집보다 더 멋지고 넓은 집을 소유한 지인의 집에 놀러 갔을 때 나는 상대적인 박탈감을 느꼈다. 온전한 나의 노력으로 이룬 것들이 모두 하찮게 보였다. 이렇듯 돈으로 무언가를 구매하고 소유했을 때의 행복감은 생명이 짧다. 항상 더 멋지고 화려한 것들이 세상에 넘쳐나기 때문이다.

진짜 행복은 떠올리면 미소가 지어지는 추억처럼 오래 지속되는 것이 아닐까? 즐겁게 지냈을 때의 기억은 좀처럼 지워지지 않는다. 소중한 사람들과 소통하며 함께 한 시간, 잘 통하는 사람과의 시간 가는 줄 모르고 했던 대화, 사랑하는 사람과의 눈 맞춤과 스킨십, 가족들과 맛있는 것을 먹으며 TV를 보는 그런 순간들 말이다.

코로나19로 평범한 일상이 멈춰버린 지금, 나는 이 글을 쓰며 행복했던 순간을 떠올린다. 명절 때 온 가족이 도란도란 둘러앉아 이야기를 나누었던 어느 저녁 시간, 계획대로 되는 게 하나도 없었지만 그저 오랜 친구들과 시끌벅적하게 떠났던 어느 여행, 사랑하는 사람과의 약속을 기다리며 설레던 어느 순간이 떠오른다. 오랜 시간 애써온 이 글을 마무리하고 있는 지금 이 순간도 무척 행복하다.

유난히 푸른 하늘과 선선한 바람이 불어오는 6월의 어느 날, 나는 갑자기 청주시 오송읍으로 향했다. 나는 가슴이 답답할 때면 낯선 지역을 취미 삼아 방문하는 습관이 있다. 그날도 답답한 마음에 집을 나섰고, 무언가에 이끌리듯 오송으로 향했다. 평소 자연을 좋아하던 내가 먼저 간 곳은 오송 호수공원이었다. 공원에 도착하니 바람이 선선하게 불었다. 사람도 몇 명 없어 고요했다. 잠시 벤치에 앉아 쉬어가기로 했다. 가지고 온 책을 펼치고 읽은 지 10분 정도 지났을 때였다. 80세 정도 되어 보이는 어르신께서 지팡이의 도움을 받아 불편한 다리를 이끌고 옆 벤치에 앉았다. 그리고는 내가 읽고 있던 책이 궁금하셨는지 "무슨 책을 읽고 있으슈?"라며 내게 말을 건넸다.

나는 읽고 있는 책 이름과 간략한 내용을 말씀드렸다. 어르신은 참 좋은 책을 읽고 있다며 흐뭇하게 나를 바라보셨다. 우리는 그 이후로 한참을 이런저런 대화를 주고받았다. 시간이 어떻게 갔는지도 모르게 서로에게 오롯이 집중되는 대화였다. 자신의 말을 주의 깊게 경청해주는 내가 한결 편해졌는지 할아버지는 처음 본 내게 고민 하나를 털어놓으셨다.

그는 자기 아들이 50대이고 아직 결혼을 하지 않았는데, 아들이 지금이라도 결혼을 했으면 좋겠다고 했다. 사람들은 나이가 들면 대화할 상대가 점점 없어져 고독해진다는 이유에서였다. 그는 나이가 들면 사람들의 발길이 뜸해지니 배우자와 대화하며 고독을 이겨내야 한다고 했다. 나이가 들면 가장 무서운 것은 고독이라며, 마지막에는 이런 말도 덧붙였다.

"배우자의 선택에 있어서 가장 중요한 것은 외모가 아니라 서로 대화가 잘 통하느냐입니다."

나는 조용히 고개를 끄덕였다. 그의 마지막 말은 내게 많은 생각을 하게 했다. 직장 상사와의 갈등과 퇴사, 아내와의 이혼 등으로 고통스러웠던 지난 10여 년의 시간이 주마등처럼 스쳐 지나갔다.

"또 봅시다"라는 말을 남기고 갑자기 나타나 홀연히 사라진 어르신의 말이 오랜 시간 깊은 여운으로 남았다. 그는 인생의 끝자락으로 갈수록 누군가와의 대화나 소통이 중요하다고 거듭 강조했다. 통하는 사람과 평생 함께한다는 것이 얼마나 소중하고 감사한 일인지, 사람이 사람과 통하는 것이 더없이 큰 축복임을 말하고 또 말해주셨다. 인생을 통달하신 분과 낯선 장소에서 운명처럼 만난 그날, 나는 답답했던 가슴이 뻥 뚫리는 것 같았다. 어르신과의 만남으로 소통이 우리의 인생에서 정말 중요하다는 것을 다시 한번 깨닫게 되었고, 소통전문가로 나아가고자 하는 내 선택에 대한 확신이 생겼다.

얼마 전 나를 힘들게 했던 상사와 식사를 하게 됐다. 나는 그의 윽박지르는 말투와 사람들 앞에서 공개적으로 비난하는 태도 때문에 무척 힘들었다며 담담하게 말했다. 우리는 그 당시를 떠올리며 시시콜콜한 대화를 나누었고, 서로 웃으며 기분 좋게 식사를 마무리했다. 나는 과거의 상처를 아련한 추억으로 말할 수 있을 만큼 단단해졌고, 그는 자신과 통하려고 노력해준 내게 고마워했다. 몇 년 전만 해도 상상조차 할 수 없는 일이다.

회사생활도 훨씬 나아졌다. 소소한 행복감을 느끼는 일이 많아졌다. 내게 커피나 빵을 선뜻 내어주며 호감을 표시해주는 동료들이 있고, 힘들 때 나를 도와주거나 응원해주는 사람들도 많아졌다. 내가 하고자 하는 일에 도움이 되는 좋은 인연들도 생겼고, 소통 멘토링을 받기 위해 나를 찾는 사람들이 많아졌다. 요즘 들어 부쩍 모든 일이 잘 풀리는 기분이 든다.

나는 평범한 직장인이지만 소통에 능숙한 사람이 되어 특별한 하루하루를 보내고 있다. 매일 소통 공부를 하는 단단한 일상이 있기에 한 치 앞도 알 수 없는 인생이 두렵기보다는 재미있다. 새로운 사람을 만나고 인연을 맺는 것이 보람차고 즐겁다. 오래 지속되는 진짜 행복은 누군가와 소통하고 함께 하는 소소한 일상 속에 있음을 기억하자.

조금 더 빨리 소통 공부를 했더라면 하는 생각을 해본 적이 있다. 그랬다면 우여곡절을 덜 겪거나 인생의 과업에서 슬픈 결말은 아니지 않았을까 하는 생각이 들기도 했다. 하지만 과거에 대한 후회나 미련보다는 다가오는 앞날을 소중히 여기며 지속적으로 노력하고 싶다.

비 온 뒤에 땅이 굳듯 불통으로 힘들었던 시간이 있었기에 많은 것들이 달라졌고, 새로운 전환점을 맞았다. 불통으로 인해 인생이 흔들려봤기에 소통 자체가 곧 인생임을 알았고, 소통력을 키우는 것이 행복한 인생으로 가는 지름길임을 알게 되었다.

소통을 공부해온 시간과 시행착오를 겪어왔던 경험과 깨달음이 나의 소중한 자산이 되었다. 소통전문가로 성장해나가고 싶은 비전이 생겼고, 나와 비슷한 상황으로 고통받는 사람들에게 작은 위안이 되고 싶은 소명도 생겼다. 그리고 누가 알았겠는가. 책을 좋아하기는 했지만 제대로 글을 써본 적도 없는 내가, 소통일기를 써온 경험이 계기가 되어 이렇게 책까지 쓰고 있을 줄이야.

사람은 좋은 경험을 하면 그것을 거듭하고 싶고, 원하는 목표에 도달하면 그 상태를 유지하고 싶어진다. 나 역시 매일 소통 공부를 하면서 몸과 마음이 건강해졌고 사람들과의 관계도 안정됐지만 소통 공부를 게을리하지 않는다. 시험공부도 하면 할수록 공부할 게 더 많은 것처럼 소통공부를 거듭할수록 인생을 대하는 나의 자세가 달라짐을 느낀다. 소통의 측면에서 더 공부하고 싶은 부분이 많아졌고, 사람들과 나누고 싶은 소통지식과 경험도 많아지고 있다.

혼자 사는 세상이 아니라 함께 살아가야 하는 세상이기에 매일 소통 공부는 나의 평생의 숙제이자 인생의 숙명일지도 모르겠다. 어쨌든 내게 온 시련은 매일 소통 공부로 인해 변형된 축복이 되었고, 나를 성장시키는 전환점이 되었다. 무엇보다 감사하고 기쁜 점은 매일 소통공부를 하고 나서부터 일상이 충만하고 나답게 행복해졌다는 것이다. 오늘도 나는 마음속으로 외친다.

'소통이 곧 인생이다.'
'소통력이 곧 행복한 인생력이다.'

끝으로 내가 이 자리에 오기까지 소통의 중요성을 깨닫게 해주신 부모님을 비롯한 가족들, 친구들, 지인들, 직장상사와 동료들에게 모든 공을 돌리고 싶다. 부족한 이 책을 세상에 태어나게 해주신 레인북 대표님께도 진심어린 감사의 마음을 전한다.

당신이 꼭 좋은 사람이어야 할 필요는 없다

초판 1쇄 발행 2021년 03월 15일

지은이 유진명
펴낸이 곽유찬

기획·편집 손승겸
디자인 시여비

펴낸곳 레인북
등록 2019년 5월 14일 제2019-000046호
주소 서울시 은평구 불광동 통일로 82길 22 101호
전화 010-9013-9235
대표메일 lanebook@naver.com

인쇄·제본 (주)상지사

ISBN 979-11-967269-4-2 (03190)